틀을 깨라

|일의 성과를 높여줄 생각 뒤집기 연습|

틀을 깨라

박종하 지음

해냄

나를 가두고 있는
생각의 감옥에서 벗어나라

2011년 3월 일본에서 대지진이 일어났다. 거대한 쓰나미가 발생했고, 바다에서 조업을 하던 어부들은 긴급히 대피하라는 연락을 받았다. 어부들은 이리저리 신속히 대피했는데, 어떤 어부들은 육지로 대피하지 않고 오히려 수심이 깊은 바다로 나갔다고 한다. 그곳은 해일이 높지 않아 항구 쪽으로 가는 것보다 오히려 더 안전할 것이라고 판단한 것이다.

그들의 판단은 정확했다. 엄청난 쓰나미는 항구를 덮치고 마을의 흔적까지 지워버렸다. 항구로 피한 배들은 부서지고 장난감처럼 나뒹굴었지만 먼바다로 나간 어부들은 안전했다. 상식의 틀을 깨는 생각과 행동으로 그들은 배와 자신들의 생명을 지킨 것이다.

이런 질문을 해보자. 만약 당신이 바다에서 조업하는 어부라면, 쓰나미 경보를 듣고도 그 쓰나미가 몰려오는 바다로 나갈 수 있을까? 먼 바다에서는 오히려 해일이 높지 않다는 사실을 안다고 해도 아마 대부분의 사람들은 쓰나미가 오는 바다로 향하지 못할 것이다.

얼마 전 어느 건설회사에 관한 기사를 읽은 적이 있다. 경기가 어려워지면서 대부분의 건설회사가 대규모 미분양 사태를 맞고 있는데, 주상복합 아파트를 지은 그 회사도 예외가 아니었다. 그러나 미분양 문제를 해결하기 위해 너도나도 덤핑 수준의 할인 판매를 하고 있는 다른 건설회사와는 달리 그 회사는 틀을 깨는 전략을 선택했다. 할인 판매를 하는 대신 수십억 원을 더 들여 아파트 시설을 개선하고 입주자를 위한 생활 공간을 업그레이드했다. 할인 판매를 통해 아파트의 가치를 떨어뜨리는 것이 아니라 차별화된 주거 공간을 창출하여 가치를 높이는 선택을 한 것이다.

그 회사의 선택은 탁월했다. 다른 건설회사들은 파격적인 할인 판매를 하고도 미분양 문제를 해결하지 못하고 있지만 그 회사는 오히려 사람들이 몰려 분양을 마감한 것이다.

이번에도 질문을 해보자. 만약 당신이 건설회사 사장이라면 미분양 아파트가 넘쳐나는 상황에서 돈을 더 투자하는 선택을 하겠는가? 만약 더 많은 돈을 투자했지만 여전히 분양이 되지 않으면 어떻게 할 것인가?

앞서 언급한 어부들과 이 건설회사가 보여준 틀을 깨는 생각과 행동은 단순한 아이디어만으로 되는 것이 아니다. 그와 같은 선택을 하기 위해서는 상식을 넘어서는 다른 요소가 필요했을 것이다.

'변화의 시대에는 생각의 틀을 깨야 한다. 고정관념을 버려라.'

'관점을 전환해야 새로운 것이 보인다.'

'새로운 시각이 필요하다.'

문제를 해결하기 위해서는 지금까지 나를 가두었던 생각의 틀을 깨고, 고정관념에서 벗어나서 창의력을 발휘해야 한다. 그런데 생각의 틀을 깨는 것이 중요하다는 사실을 알면서도 왜 우리는 쉽게 그 틀을 깨지 못하는 것일까?

나는 내가 경험하는 일상 속에서 그 질문에 대한 실마리를 얻었다. 내가 가장 먼저 경험한 것은 감정의 틀이었다. 감정은 생각에 매우 강력하게 영향을 미친다. 내가 좋아하는 사람이 하는 말은 무조건 맞는 말처럼 들리고, 내가 싫어하는 사람이 하는 말은 억지스럽고 궤변처럼 느껴지는 경우가 대부분이다. 이미 싫다는 감정이 자리 잡으면 그 대상의 실체를 바로 보기 어렵다. 감정의 틀을 깨지 못하면 생각의 틀을 절대로 깰 수 없다.

나는 수학을 전공했다. 그래서인지 매우 논리적이고 확실한 것을 추구하는 쪽으로 생각을 많이 하는 편이다. 정연한 논리와 확실함은 내가 교육받은 범위에서는 매우 중요한 것들이었는데, 어느 순간 그것들에 매여서 생각의 틀을 깨지 못하는 나 자신을 발견하기도 했다. 그러는 한편 논리적인 근거 없이 직관을 따라 결정해서 큰 성공을 이루는 사람도 보았고, 불확실한 상황에서 더 큰 기회를 만드는 사람도 보았다.

그런 여러 경험을 통해 나는 생각의 틀을 깨기 위해 우선 깨야 할 것이 무엇인지 정리할 수 있었다. 규칙을 지키려고만 하는 것, 정답을 찾는 습관, 진지해야 한다는 믿음, 자신의 영역 안으로만 생각을 제한하는 것, 경쟁을 위한 경쟁, 그리고 어제의 방법으로 오늘을 살아가려는 것들이 바로 그것이다.

아무도 우리를 가두지 않았는데 스스로 어떤 틀에 자신을 가두고 자신의 인생을 구속하고 제한하며 사는 것은 매우 불행한 일이다. 사람들이 창의력을 원하는 이유는, 그것을 바탕으로 성공하고 부자도 되고, 즐겁고 행복한 인생을 살기 위해서다. 그러기 위해서는 '나'를 가두고 있는 틀을 깨야 한다. 그 틀은 우상일 수도 있고 감옥일 수도 있다. 그 틀을 깨고 틀에서 벗어나는 것이 즐겁고 행복한 인생을 사는 유일한 방법이다.

이 책 한 권을 읽었다고 모두가 자신을 가두는 틀을 완벽하게 깰 수는 없을 것이다. 하지만 이 책을 읽음으로써 자신을 둘러싸고 있는 틀이 무엇인지 깨닫는다면 그것만으로도 충분히 가치 있는 일이다. 틀을 깨는 것은 거기서 시작되기 때문이다. 자, 이제 자신을 둘러싸고 있는 보이지 않는 틀을 하나씩 깨어보자.

2011년 8월
박종하

차례

규칙의 틀을 깨라

THINK OUTSIDE THE BOX

1

01

수영 자유형에도 효과적인 자세가 있다

내가 더 멀리 볼 수 있었다면, 그것은 거인 의 어깨에 올라 보았기 때문이다.

— 뉴턴

이런 질문을 해보자. 국제 수영 경기가 열리고 있다. 자유형 400미 터 경기다. 경기 도중 어떤 선수가 자신의 특기인 접영을 중간중간에 섞어서 수영을 했다. 자유형 경기 중에 접영을 한 그 선수는 실격일 까, 아닐까?

정답은 '실격이 아니다'이다. 자유형은 '크롤 영법'이라고 부르는데 크롤(crawl)은 영어로 '기어가다, 포복하다'라는 뜻이다. 하지만 수영 경기에서 자유형(freestyle)은 말 그대로 자유롭게 하는 것이다. 어떠 한 형태의 수영도 자유형 경기에서 허용된다. 자유형 경기에서는 수 영 자세에 대한 어떠한 규정도 없기 때문이다.

하지만 수영 자유형 경기에서 모든 선수가 크롤 영법을 선택한다.

그래서 수영의 자유형이 일정한 자세가 있는 것처럼 보이는 것이다.

그럼 왜 사람들은 자유형 경기에서 자기 나름대로 접영, 배영, 또는 평형 등을 하지 않고 모두 크롤 영법을 사용하는 것일까? 이유는 단순하다. 그것은 크롤 영법이 가장 빠르기 때문이다.

수영 자유형 경기에서 모든 사람들이 크롤 영법을 선택한다는 사실은 우리에게 매우 중요한 의미를 던져준다. 사람들마다 개인차가 있고, 모두 경험도 다르고, 자신들만의 노하우가 있다. 그러나 모든 일에는 다양한 방법들 중에서도 가장 좋은 방법이 있다는 것이다. 그것을 잘 배우는 사람은 그만큼 유리하고, 그것이 바로 사람들이 배우고 싶어하는 규칙이다. 그 규칙을 발견하고 패턴 찾기를 익힐 때, 우리는 세상을 좀더 이해할 수 있다.

하지만 이러한 규칙을 좀더 잘 배우고 싶다면 혼자서 무엇인가를 해결하겠다는 생각보다는 먼저 당신과 협력할 수 있는 사람들을 만나는 것이 더 현명한 방법이다. 위대한 수학자 레온하르트 오일러는 '대가가 되고 싶은 사람은 대가에게 가서 배워라'라고 젊은이들에게 충고했다. 물론 혼자서 외롭게 연구하여 남다른 아이디어로 세상을 깜짝 놀라게 하는 사람들도 있다. 그러나 그런 경우는 많지 않다. 노벨상을 받은 사람들이나 위대한 업적을 남긴 사람들을 보라. 그들은 어떤 계보를 형성한다. 다시 말해서, 세상을 놀라게 하는 연구 성과를 내는 사람들은 혼자만의 연구 성과가 아니라 앞선 연구를 잘 배우고 거기에 자신만의 새로운 결과를 보탠 사람들이다. 뉴턴과 같은 천재조차도 '내가 더 멀리 볼 수 있었다면, 그것은 거인의 어깨에 올라 보았기 때문'이라고 했다.

게임의 규칙을 파악하라

다음과 같은 계산을 보자.

$$9+99+999+9999+99999=?$$

이 계산을 어떻게 해야 할까? 이 계산을 숫자 그대로 더하는 사람은 수치 감각이 없는 것이다. 숫자를 다루는 것에 익숙한 사람이라면, 이 계산을 다음과 같이 할 것이다.

$$9+99+999+9999+99999$$
$$=(10-1)+(100-1)+(1000-1)+(10000-1)+(100000-1)$$
$$=111110-5=111105$$

이런 계산은 연필이나 계산기를 먼저 들지 말고, 관찰하고 규칙을 발견해 풀어야 한다. 더 넓은 눈으로 전체적인 관계를 파악하며 규칙을 이해해야 한다. 예를 들어, 다음과 같은 문제를 보자.

$$\frac{1}{2}+\frac{1}{3}+\frac{1}{4}+\frac{2}{3}+\frac{1}{2}+\frac{3}{4}=$$

이 계산도 마찬가지다. 일반적으로 수학을 잘 못하고, 수치에 자신 없어 하는 사람들은 숫자들을 순차적으로 더한다. 하지만 수학을 잘 하는 사람들은 그냥 눈으로 보기만 해도 이 문제의 답을 찾는다. 왜냐하면, 그들은 규칙을 보기 때문이다. 아래와 같은 규칙을 찾는다면 이 문제는 특별한 계산 없이 풀 수 있다.

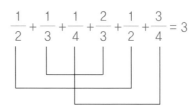

$$\frac{1}{2} + \frac{1}{3} + \frac{1}{4} + \frac{2}{3} + \frac{1}{2} + \frac{3}{4} = 3$$

단순히 계산에서뿐 아니라 운동 경기에서도 규칙을 찾을 수 있다. 현대그룹의 정주영 회장이 처음으로 농구 경기를 직접 관전했을 때의 일화다. 그는 처음 농구 경기를 보면서 이렇게 이야기했다고 한다.

"이 경기에서 이기기 위해서는 바구니에 들어가지 않고 튀어나오는 공을 잘 잡는 게 중요하겠어. 그걸 잘하면 이길 거 같아."

그는 누가 가르쳐주지 않았어도 나름대로 농구라는 게임을 파악한 것이다. 그는 '리바운드'라는 용어도 몰랐지만 농구 게임에서 이기기 위해서는 리바운드가 중요하다는 규칙을 찾은 것이다. 농구는 상대의 바스켓에 더 많은 골을 넣는 팀이 이기는 경기다. 그래서 사람들은 당연히 슛을 가장 많이 넣는 선수를 주목하게 된다. 하지만 실제 농구 경기에서는 리바운드를 장악하는 팀이 게임을 장악한다. 처음 보는 농구 경기에서 그것을 발견하는 것은 쉬운 일이 아니다.

실제로 농구에서는 리바운드가 중요하다. 농구의 핵심인 리바운드의 힘을 가장 잘 알려준 인물이 바로 마이클 조던과 함께 미국 최고의 팀 시카고 불스를 이끌었던 데니스 로드맨이다. 그는 슛을 안 하는 농구 선수였다. 그가 하는 단 한 가지는 리바운드. 그는 시카고 불스로 가기 전에도 NBA 최고의 리바운드 왕이었다. 사람들은 그를 '리바운드 머신'이라고 불렀고, 그는 리바운드만 했다. 그렇게 리바운드만 했던 그로 인해 그의 팀들은 항상 경기를 장악했다.

데니스 로드맨은 일본의 만화가 이노우에 다케히코에게 영감을 줬다. 그는 1990년대 최고의 만화 『슬램덩크』를 그리면서, 최고의 농구 선수 마이클 조던을 모델로 삼은 서태웅을 주인공으로 설정하지 않고, 데니스 로드맨을 모델로 한 강백호를 주인공으로 했다. 그는 리바운드를 장악하는 것이 농구라는 게임에서 승리하는 규칙이라는 것을 발견한 것이다.

이기는 규칙 : 리바운드와 리바이스

코스닥 열풍이 불어닥치고 IT 기술 회사들이 우후죽순처럼 생겨날 때, 기술력 있는 회사들에 투자하는 것이 유행이었다. 인터넷으로 사람들이 모이고, 책상 위에 놓인 작은 PC를 중심으로 사람들의 생활 패턴도 바뀌어갔다. 다양한 기술을 갖춘 회사들이 등장하며 주목받을 때, 벤처기업에 전문적으로 투자하는 사람에게 이런 말을 들었다.

"이렇게 IT, PC, 인터넷 등이 폭발적으로 늘어나면 기본적으로 반도체 만드는 회사가 유망한 거 아닐까?"

그의 말은 사실이었다. 생각해 보면 농구라는 게임에서 이기는 규칙이 '리바운드'라는 것을 발견했듯 그도 무엇인가 통찰력을 발휘한 것이다. 2000년 초에 벤처 붐이 일고 코스닥 열풍이 불어닥칠 때는 아무 말도 안 하던 사람들이 그 열풍이 사그라들고 거품이 꺼질 때, 코스닥 열풍을 서부 개척기의 금광과 비유했다. 금맥을 찾는 사람보다는 청바지를 만들어서 팔던 사람들이 돈을 벌었듯이, 테헤란 밸리에 많은 벤처기업들이 생겼을 때 결국은 가구 장사들과 인테리어 회사들만 돈을 벌었다는 것이다.

실제로 야후와 같은 기술주들이 선풍적인 인기를 끌며 나스닥 열풍이 불었던 2000년경에 투자의 귀재인 워런 버핏은 자신이 제대로 이해하지 못하는 기술주에는 투자하지 않았다. 대신 그는 카펫 회사에 투자해서 큰돈을 벌었다고 한다. 아마 버핏이 투자하지 않았던 많은 벤처기업들은 다른 사람에게 투자받은 돈으로 버핏이 투자한 회사의 카펫을 사서 인테리어를 했을 것이다.

분명 게임에는 정해진 룰이 있지만 허용하는 범위 내에서 규칙을 최대한 활용하는 사람과 팀이 승리한다. 축구 경기를 예로 들어보자. 흔히 신사적인 페어플레이를 해야 한다는 말을 한다. 하지만 어디까지가 페어플레이인가? 그것은 심판의 성향에 따라 조금씩 바뀐다. 그 경기에서 허용되는 거친 플레이가 있게 마련이고 그것을 활용하는 선수가 유능한 선수다. 농구는 한 게임에서 5개까지 반칙을 허용한다. 경기에서 승리하기 위해서는 반칙까지도 잘 활용하는 전략이 필요하다. 먼저 게임의 규칙을 파악해야 한다. 그것을 최대한 활용하는 사람이 게임을 장악할 수 있다.

관찰은 '시청'이 아닌 '견문'에서 온다

규칙을 파악하는 가장 확실하면서 간단한 방법은 관찰이다. 관찰은 대단한 것이 아니다. 눈과 귀로 보고 듣는 것이 관찰이다. 우리는 대부분 별 생각 없이 그냥 스쳐 가며 보고 들리는 대로 듣는다. 하지만 무엇인가를 관찰하고 기회를 잡는 사람들은 차이를 발견하며 보고 듣는다.

영어로 '본다'는 의미의 단어는 'see'와 'watch'가 있다. 그런데 see와 watch의 의미는 약간 다르다. see가 수동적으로 눈에 보이는 것을 보는 것이라면, watch는 능동적으로 주의 깊게 보는 것이다. 예를 들어, 집에 들어가 거실에서 책을 읽고 있는 동생을 봤다고 할 때는 동사 see를 쓰지만, 내가 보고 싶은 텔레비전 드라마를 봤다고 할 때는 watch를 쓰는 것이다.

우리말로는 똑같이 '본다'라고 번역되지만, 두 동사의 의미는 이처럼 확실히 다르다. 우리가 말하는 관찰은 수동적으로 보이는 것을 보는 see가 아닌 적극적으로 주의 깊게 보는 watch인 것이다.

한자로는 시청(視聽)과 견문(見聞)이란 단어로 구별할 수 있다. 시청과 견문은 우리말로 똑같이 '보고 듣는다'라고 해석하지만 실제 의미는 분명히 다르다. 시청은 보이는 것을 그냥 보고, 들리는 것을 그냥 듣는다는 의미이다. 반면에 견문은 어떤 의지를 가지고 보고 들으며 그 의미까지 파악하는 것이다.

"텔레비전을 시청한다"라고 말하고 "여행은 견문을 넓힌다"라고 한다. "텔레비전을 견문한다" 또는 "여행은 시청을 넓힌다"라고 말하지는 않는다. 그 이유는 텔레비전은 별 생각 없이 특별한 의지로 보는 것이 아니라고 생각하기 때문에 '시청'이라는 단어를 쓰는 것이고, 여행은 그것을 통하여 마음가짐을 바꿀 수 있다고 믿기 때문에 '견문'이란 단어를 쓰는 것이다. 우리가 원하는 관찰은 '시청'이 아닌 '견문'으로 얻는 것이다.

예를 들어, 이슬람 신도들은 메카를 향하여 하루에 다섯 번씩 기도를 한다. 전 세계적으로는 11억 명이 넘는 모슬렘들이 매일 다섯 번씩 정해진 시간에 일정한 방향을 향해 기도를 하는 것이다. 보통 사람들은 그들을 단지 보기(see)만 한다. 시청하는 것이다. 그러나 휴대전화를 만드는 사람들은 그들을 그냥 보지 않고 살펴보았다(watch). 견문한 것이다. 그 결과, 메카의 방향을 알려주고 매일 다섯 번씩 정해진 시간에 알람이 울리는 휴대전화인 '메카폰'을 만들었다. 대단한 아이디어나 기술이 적용된 것도 아닌데 메카폰은 중동 지역을 중심으로 베스트셀러가 되었다.

자신의 일이나 생활과 관련해서 주위를 관찰해 보자.

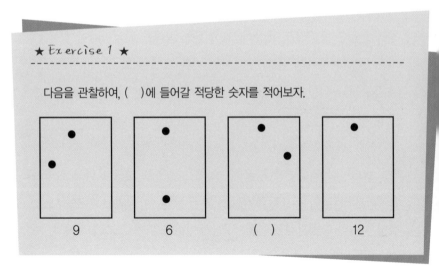

→ (　)에 들어갈 숫자는 30이다. 9시, 6시, 3시, 12시를 표현한 것이다.

★ Exercise 2 ★

심장병을 앓고 있는 남자가 있었다. 그의 부인은 그를 정성껏 간호했다. 어느 날, 여자는 남자에게 시간에 맞춰 약을 주기 위해 알람 시계를 맞춰놓고 잠을 잤다. 그런데 그날 밤 남자는 잠을 자다 꿈을 꿨다.

꿈속에서 그는 특수부대의 폭탄 제거 전문가가 되어 테러리스트가 설치한 폭탄을 제거하는 작업을 하고 있었다. 그는 이제 마지막 폭탄을 제거하려 한다. 폭탄의 시계 초침이 마지막 점을 가리키며 터지려 하고 있었다. 꿈을 꾸면서도 남자는 극도의 스트레스를 받고 있었다.

그 순간 여자가 맞춰놓은 시계의 알람이 시끄럽게 울렸다. 남자는 꿈속의 일을 마치 현실처럼 느끼며 그 충격으로 심장마비에 걸려 죽고 말았다.

그녀의 이야기를 무심코 듣기만 했던 사람들은 그녀의 말을 듣고 그냥 지나쳤다. 하지만 그녀의 이야기를 주의 깊게 들었던 사람들은 그녀가 거짓말을 하고 있다는 것을 알았다. 그녀의 말이 거짓인 이유를 관찰해 보자.

→ 남자는 잠을 자다 죽었다. 그래서 그가 꿈을 꾸었는지, 꾸었다면 어떤 꿈을 꾸었는지를 다른 사람은 알 수가 없다. 따라서 그가 꿈속의 일로 심장마비에 걸려 죽었다는 것을 그의 부인은 알 수 없다.

02

하지만 게임의 룰은 변한다.

게임의 룰이 바뀔 때 큰 기회가 온다.

—조지 소로스

세상의 모든 것은 변한다. 사람들의 생각도 변한다. 같은 것에 대해서도 예전과는 전혀 다른 생각을 하게 된다. 예를 들어, 뚱뚱한 사람과 날씬한 사람이 있다고 하자. 둘 중에 누가 더 부자처럼 보일까? 그들에 대한 정보가 전혀 없는 상태에서 당신은 누가 더 부자인 것 같은가?

둘 중에 누가 더 부자처럼 보이는가?

내가 어렸을 적에는 대부분의 사람들이 날씬한 사람보다는 뚱뚱한 사람을 부자라고 생각했다. 하지만 지금은 대부분 날씬한 사람을 부자라고 인식할 것이다. 예전에는 뚱뚱한 것이 미덕이었다. '우량아 선발대회'와 같은 행사도 했고, 뚱뚱한 아이는 장군감이라고 치켜세우기도 했다. 하지만 요즘은 놀이터에서 노는 아이들 중 뚱뚱한 아이는 가난한 집 아이일 것이라고 여긴다. 아이의 다이어트에 신경을 못 쓰는 넉넉지 못한 집의 아이일 거라고 인식하는 것이다.

이렇게 사람들의 생각이 바뀌고 사회적인 환경이 변하면서 어떤 일을 잘할 수 있는 방법도 바뀐다. 앞에서 말한 게임의 규칙이 바뀌는 것이다. 다음과 같은 예술 작품을 한번 생각해 보자.

어느 날 파블로 피카소는 산책을 하다가 우연히 버려진 자전거 한 대를 발견한다. 그는 그것을 집으로 가져와 안장과 핸들을 떼어낸 다음, 안장에다가 핸들을 거꾸로 달았다. 그리고 〈황소머리〉라는 이름

피카소 〈황소머리(Bull' s Head)〉(1943)

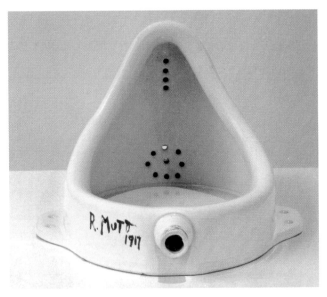

뒤샹 〈샘(Fountain)〉(1917)

을 붙였다. 버려진 자전거에서 그저 안장과 핸들을 떼어 달리 붙인 것뿐이다. 그게 전부였다. 그것이 바로 〈황소머리〉라는 작품이다. 마르셀 뒤샹은 남성용 소변기를 구입해서 거꾸로 세운 후 서명을 하고 〈샘〉이라는 제목을 달았다. 그것이 전부였다. 그는 그것을 전시회에 출품했다.

처음에 사람들은 〈황소머리〉나 〈샘〉을 예술 작품으로 인정하려 하지 않았다. 보통 사람들에게 예술 작품이란 예술가가 오랜 시간 심혈을 기울여 만들어낸 것이다. 예술가의 시간과 노동이 들어가지 않은 것을 사람들은 작품으로 인정하려 하지 않았다. 하지만 사람들의 생각이 바뀌면서 이 두 작품은 위대한 예술 작품으로 인정받고 있다.

이 예술 작품들은 요즘 세상에서 가치나 가격이 어떻게 결정되는지를 잘 말해 주고 있다. 일반적으로 가격은 원가에 적당한 이익을 붙여 결정한다. 그래서 높은 가격을 받기 위해서는 원가가 높아야 했다. 하지만 이제는 그런 과거의 경제학이 잘 적용되지 않는다. 요즘 사람들은 원가 개념보다는 그것이 만들어내는 가치에 더 초점을 둔다.

예를 들어, 100만 원이 넘는 원가를 들여 만들었어도 그 제품의 가치가 10만 원 정도밖에 되지 않는다면, 그것의 가격은 10만 원이 적당하다는 것이다. 반대로 원가가 1만 원이라고 해도 그것이 제공하는 가치가 100만 원이 넘는다면 그만큼의 가격을 붙일 수 있다는 것이다. 이것은 예술가가 시간과 노동을 많이 들인 작품이 위대한 작품인 것이 아니라 그 작품이 사람들에게 얼마나 많은 영감과 감동을 주느냐에 따라 작품의 가치가 달라지는 이치와 같다.

운동선수나 연예인들을 보더라도 비슷한 상황을 쉽게 이해할 수 있다. 똑같이 운동을 해도 어떤 선수는 연봉이 5억 원이고, 어떤 선수는 5,000만 원이다. 같이 텔레비전에 출연해도 어떤 이들은 엄청난 돈을 받지만 이름이 알려지지 않은 출연진은 매우 적은 액수를 받는다. 그것에 대해 사람들은 잘못됐다고 생각하지 않고 자연스럽게 받아들인다. 일반 회사에 다니는 사람들은 아직 이런 규칙을 적용받지는 않지만 앞으로는 더 많은 사람들이 운동선수나 연예인들에게 적용되는 규칙에 따라 월급을 받을 것이다. 과거와는 다른 게임 규칙이 생기고 있는 것이다.

규칙의 변화를 파악하라

게임의 룰이란 게임을 진행하는 규칙을 말하며, 사회적으로는 패러다임, 개인적으로는 고정관념을 말한다. 우리가 상식이라고 부르는 것들이 바로 게임의 룰인 것이다.

우리의 생활 속에는 수학 공식처럼 활용할 수 있는 일정한 게임의 룰(패러다임＝고정관념＝상식)이 있다. 이를테면, 금리가 오르면 주가는 떨어진다고 보고, 좋은 학교를 졸업한 사람이 그러지 못한 사람보다 사회에서 더 출세하고 돈을 많이 번다고 여긴다. 이런 것들이 바로 게임의 룰이고 고정관념이다. 이런 규칙을 빨리 파악하고 정확히 이해하는 사람을 흔히 똑똑하다고 말하곤 한다.

그런데 문제는 이런 규칙이 일정한 시기를 거치면서 바뀐다는 것이다. 예를 들어, 예전에는 변호사의 인기가 매우 높았다. 부와 명예를 얻는 직업이었기 때문이다. 그러나 최근에는 매년 1,000명의 변호사가 배출되고 앞으로는 2,500명 이상씩 배출된다. 그렇게 많은 변호사가 배출되는 현실에서는 과거에 변호사가 누리던 부와 명예를 기대하기 힘들게 되었다.

이런 상황의 변화는 패러다임을 바꾸고 상식도 바꾸고 게임의 규칙도 바꾼다. 그 바뀐 규칙을 빨리 제대로 파악해야 큰 기회를 얻는다는 것이 바로 앞에 언급한 소로스의 말이다. 그와 반대로, 게임의 룰이 바뀌었는데 과거의 룰로 게임을 하는 사람은 큰 낭패를 당하게 된다.

이제 더 이상 따를 필요가 없는 규칙은 버려야 한다. 창의성의 핵심은 바뀐 규칙을 파악하여, 과거의 규칙을 버리고 새로운 규칙을 따르는 것이다. 일반적으로 어떤 이유 때문에 특정한 규칙이 생긴다. 그런데 시간이 가면서 그 존재 이유가 사라져서 규칙이 더 이상 필요가 없게 된다.

쓸모 없는 규칙을 없애는 방법은 지금 우리가 지키고 있는 규칙에 "이 규칙이 왜 생겼지?"라고 묻는 것이다. 그리고 "그 이유들이 아직도 존재하나?"라고 물어야 한다. 만약 그것에 대한 대답이 "아니다"라면, 그 규칙을 없애야 한다.

 ## '왜?'라는 질문을 하라

언젠가 텔레비전에서 우연히 〈장학퀴즈〉를 봤다. 그날 거기서 '음악의 어머니는?'이라는 문제가 나왔다. 초등학생이었던 아들과 딸이 자신들도 아는 문제라며 '헨델'이라는 답을 큰 소리로 외쳤다. 고등학생들이 참여하는 퀴즈 프로에 자신들이 풀 수 있는 문제가 나왔다는 것을 기분 좋아 하는 눈치였다. 내친 김에 나는 퀴즈를 하나 더 냈다. "음악의 아버지는?" 이번 문제에도 아이들은 큰 소리로 '바흐'라는 답을 이야기하며 좋아했다. 그래서 나는 또 한 번 물었다. "그런데 왜 음악의 어머니는 헨델이고, 아버지는 바흐야?"

아이들은 대답하지 못했다. 사실 초등학생에게 정확한 답을 기대하고 물었던 것은 아니다. 나는 그런 질문을 하는 것이 중요하다는 말을 해주고 싶었다. 하지만 아이들은 내 질문에는 전혀 관심이 없어 보였다. 그들은 자신들은 '음악의 어머니＝헨델, 음악의 아버지＝바흐'와 같은 공식을 외우고 있으니 그것으로 충분하다는 눈치였다. 더욱이 황당했던 것은 아이들이 헨델을 여자라고 생각하는 것이었다. 음악의 어머니니까, 당연히 헨델을 여자라고 여겼다.

　이처럼 정보를 왜곡할 수 있는 가능성이 늘 있기에 '왜?'라는 질문이 필요한 것이다. 그 질문에 대한 답을 찾는 과정이 확실한 지식과 현명함을 가져다준다. '왜?'라는 질문을 통해 문제를 해결한 한 사례를 보자.

　1960년대 소련에서 달 표면에 무인 우주선을 보낼 계획을 세웠다. 달의 모습을 촬영하여 지구로 전송하는 것이 임무였다. 그러기 위해서는 달 표면을 비출 전구를 우주선 바깥쪽에 달아야 했다. 그런데 모의 실험을 해보니 아무리 강한 유리를 사용해도 달에 착륙하는 충격에 전구의 유리가 깨지는 것이었다. 과학자들은 이 문제를 해결해야 했다. 많은 사람들이 더 강한 유리를 만들기 위해 노력했지만 만족스러운 결과가 나오지 않아서 고민이었다. 프로젝트를 진행하는 팀이 전구의 유리 문제로 고민하고 있을 때, 한 유명한 박사가 그 프로젝트를 진행하던 팀에게 이런 질문을 했다.

　"왜 전구에는 유리가 필요하죠?"

　전구의 유리는 전구 내면을 주위의 공기와 차단하기 위해 필요하다. 주위 공기와의 반응으로 필라멘트가 빠르게 산화하는 것을 막기 위해서 유리를 씌운다. 유리로 공기와의 접촉을 차단하고 대신 반응성이 적은 기체를 채워 넣는 것이다. 그런데 당연한 얘기겠지만 지구 대기권 밖 우주에는 공기가 없다. 그러니 필라멘트를 싸고 있는 유리가 없어도 된다는 이야기다.

5why 기법: 연속적으로 질문을 던져라

아이디어를 생각해 내고 문제를 해결하는 생각의 도구 중에 '5why' 기법이 있다. '5why'는 '왜?'라는 질문을 연속적으로 다섯 번 던지는 것이다. 다섯 번에 큰 의미가 있는 것은 아니고 연속적으로 질문을 던지는 것이 5why의 핵심이다.

5why 1차 why : _____

　　　　2차 why : _____

　　　　3차 why : _____

　　　　4차 why : _____

　　　　5차 why : _____

우리가 부딪히는 많은 문제들은 대부분은 '왜?'라는 질문을 통해서 해결할 수 있다. '왜?'라는 질문 없이 문제에 대한 처방을 내리거나, 그런 질문 없이 만들어낸 해결책은 문제의 본질에 접근하지 못하기 때문에 대부분 단기적인 효과로 끝나거나 올바른 해결책이 되지 못하는 경우가 많다.

우리 주변에는 왜 하는지도 모르면서 하는 일들이 많다. 예전에 싱가포르의 어떤 젊은 판사는 싱가포르의 법관들이 하얀 가발을 쓰는 이유가 궁금했다. 젊은 판사는 '왜?'라는 질문을 던졌다.

"왜 가발을 쓸까?"

젊은 판사가 알게 된 사실은, 싱가포르는 영국의 식민지였는데, 영국 문화의 영향으로 가발을 쓴다는 것이었다. 그 판사는 또 한 번 '왜?'라는 질문을 던졌다.

"왜 영국의 판사들은 가발을 쓰는 것일까?"

몇 번의 '왜?'라는 질문을 통해 그가 알게 된 내용은 이렇다. 과거 영국의 법정은 천장이 높아서 매우 추웠다고 한다. 또한 영국의 법관들 중에는 나이가 지긋하고 대머리인 사람이 많았다. 그래서 추위를 피하기 위해서 법관들이 가발을 쓰게 된 것이었다. 싱가포르의 그 젊은 판사에게는 가발의 유래가 너무나 어처구니없는 것이었다. 오래전에 식민 지배가 끝난 지금도, 더운 나라인 싱가포르의 법관들은 가발을 쓰고 있다.

5why 기법은 연속적으로 질문을 던짐으로써 문제의 원인을 파악하고 자연스럽게 해결책을 찾게 한다. 5why를 통한 대표적인 문제 해결의 사례를 토머스 제퍼슨 기념관에서 찾을 수 있다. 워싱턴 주의 토머스 제퍼슨 기념관의 외곽 벽이 심하게 부식되고 있었다. 왜 돌이 부식되고 있는지 원인을 파악하는 과정에서 발견한 것은 관리 직원들이 돌을 필요 이상으로 너무 자주 청소하기 때문이라는 뜻밖의 사실이었다. 사람들은 덜 자극적인 화학 세제를 사용해야 한다고 지적했다. 그런데 당시 기념관의 관장은 이런 질문을 던졌다.

"왜 제퍼슨 기념관은 늘 그렇게 청소를 해야만 하는가?"

대답은 제퍼슨 기념관에는 비둘기들이 떼 지어 몰려와 똥을 싸놓고 가기 때문이었다.

관장은 또 다음과 같은 질문을 던졌다.

"그런데 기념관에 왜 비둘기들이 그렇게 몰려오는 걸까?"

비둘기들이 몰려오는 이유는 거미를 잡아먹기 위해서였다.

관장은 또 한 번 질문했다.

"왜 이곳에 그렇게 거미들이 많은 것인가?"

거미들이 많이 꼬이는 이유는 나방 때문이었다. 나방들이 많이 날아들어 그 나방들을 잡아먹기 위해 거미들이 많이 몰려들었던 것이다.

관장은 또 한 번 물었다.

"왜 그토록 많은 나방들이 생기는 것일까?"

그 원인은 해질녘 나방들이 모이기 시작할 때 기념관의 불빛이 나방들을 끌어 모았던 것이다.

5why를 통해 기념관 외곽 벽의 부식을 일으키는 근본 원인이 바로 기념관의 불빛이라는 놀라운 사실을 알아낼 수 있었다.

그후 제퍼슨 기념관은 외곽 조명을 2시간 늦게 켰다. 나방들이 모이는 시간대에 불을 켜지 않으니 나방들이 날아들지 않았다. 나방들이 몰려들지 않으니 거미도 없어졌고, 거미가 없으니 비둘기 역시 몰려들지 않았다. 결과적으로 기념관의 외곽 조명을 2시간 늦게 켜서 기념관 벽의 부식을 막을 수 있었던 셈이다.

이처럼 지금 고민하고 있는 문제나 아이디어가 필요한 이슈에 대해 5why 기법을 적용해 보자. 연속적으로 '왜?'라는 질문을 하며 생각을 확산하고 정리하며 문제나 이슈에 접근해 보자. 그러다 보면 생각보다 쉽게 해결책을 찾을 수도 있다.

   지금 이 순간에도 많은 것들이 바뀌고 있다. 예를 들어, 예전에는 머리에 노란색이나 빨간색으로 염색하는 사람이 거의 없었다. 만약 누군가 그렇게 염색을 한다면 그 사람은 매우 이상한 사람으로 여겼다. 하지만 어느 순간부터 많은 젊은이들이 기분에 따라 머리를 다양한 색으로 염색하고 있다. 주위를 둘러보며, 과거와 바뀐 것들을 종이에 적어보자.

03

스스로 새로운
판을 짜라

> 넥타이는 멜 뿐만 아니라 자를 수도 있으며,
> 피아노는 연주하는 것뿐만 아니라 두들겨
> 부술 수도 있다.
>
> — 백남준

학교에서는 규칙 찾는 것을 배운다. 대부분의 학습은 규칙을 찾는 것에만 초점이 맞춰져 있다. 하지만 규칙을 찾는 것보다 더 강력한 것은 스스로 새로운 규칙을 만들어보는 것이다. 새로운 규칙을 만들 수 있다면, 매우 좋은 기회를 얻을 수 있다.

한 젊은 예술가가 〈피아노 포르테를 위한 습작〉이라는 공연을 했다. 연주를 하던 예술가는 공연 도중 객석으로 내려오더니 앞자리에 앉아 있던 존 케이지에게 다가갔다. 젊은 예술가는 주머니에서 가위를 꺼내 존 케이지의 넥타이를 자르고 무대를 빠져나갔다. 영문을 모르는 관객들은 어리둥절했다.

근처 술집으로 간 예술가는 공연장에 전화를 걸어 "저 백남준입니다. 공연은 끝났습니다"라고 말했다. 백남준에게 넥타이를 잘린 존 케이지는 그에게 가장 큰 영향을 주었던 스승이었다. 그는 스승의 넥타이를 자름으로 사람들이 당연하게 생각하는 기존의 권위와 규칙을 깨는 행위예술을 한 것이다.

존 케이지는 〈4분 33초〉라는 연주로 유명한 사람이다. 1952년 그는 뉴욕의 한 콘서트홀에서 많은 사람들의 박수를 받으며 피아노 연주를 시작했다. 하지만 그는 피아노 앞에서 아무것도 하지 않고 정확히 4분 33초 동안 우두커니 앉아 있다가 자리에서 일어섰다. 음악회에 참석한 사람들이 들은 소리라고는 자신들이 냈던 기침 소리와 의자 삐걱거리는 소리, 사람들이 수군거리는 소음이 전부였다. 존 케이지는 현대 음악에 우연이라는 새로운 규칙을 도입하며 새로운 음악을 창조한 것이다.

그런 존 케이지를 백남준은 아버지처럼 존경하며 따랐다. 그런데 백남준은 그의 넥타이를 자르며 기존의 규칙에 도전하는 또다른 행위예술을 했던 것이었다. 기존의 규칙을 깨뜨리고 새로운 규칙을 창조하며 평생을 살았던 예술가 백남준의 장례식장에서 조문객들은 가위를 들고 서로의 넥타이를 댕강댕강 잘랐다. 그런 퍼포먼스를 통해 숱한 권위와 규칙을 버리는 그의 사상을 기념했다.

변화하는 게임의 규칙을 파악하는 것보다 더 강력한 것은 자신이 게임의 규칙을 새롭게 바꾸는 것이다. 예술가들은 항상 새로운 것을 추구한다. 그들은 남들과 다른 방법으로 남들과 다른 결과를 만들려고 한다. 새로운 창조가 없다면 예술이 아니다. 그래서 창조를 원하는 많은 사람들이 예술에 관심을 갖고, 그 창조의 과정을 배우려고 한다.

새로운 창조의 영감은 예술가에게만 필요한 것이 아니다. 지금 우리에게 잘 알려진 많은 혁신적인 기업들은 마치 예술가가 새로움을 추구하듯 기존의 틀에서 벗어나 새로움을 추구했다. 예를 들면, 스타벅스는 새로운 커피를 만들었다. 아라비카 커피에 자신들이 개발한 로스팅(볶음), 블랜딩(배합), 쿨링(온도 유지)의 규격화된 방식을 적용하여 전세계인들의 입맛을 당긴 스타벅스만의 커피를 만든 것이다.

그런데 그들이 만든 것은 커피만이 아니다. 스타벅스는 공간을 제공하며 문화를 만들었고 새로운 라이프스타일을 창조했다. 이것은 애플이 단순히 mp3 플레이어를 만든 것이 아니라 새로운 음악 서비스로 음반 산업 전반에 영향을 준 것과 비슷하다. 사람들이 붓으로 그림을 그릴 때 물감을 뿌리며 '액션페인팅'이라는 새로운 방법으로 그림을 그렸던 잭슨 폴록의 시도 같은 것을 지금도 많은 기업에서 시행하고 있는 것이다.

문제에 민감하라

사람들이 아주 당연하게 생각하고 누구도 의심하지 않는 규칙들이 있다. 그런데 때때로 그런 규칙들이 이제는 더 이상 현실적이지 않으며, 그것을 새로운 것으로 대체했을 때 더 효과적인 경우가 많다. 그러므로 당연하게 여겨지는 규칙에 도전해야 한다. 그래야 새로운 기회를 얻을 수 있다. 그 과정을 간단히 살펴보면 이렇다.

• 지금 사람들이 따르는 규칙을 메모해 보자.

- '왜?'라는 질문을 해보자. "왜 꼭 이 규칙을 따라야 하지?"
- '만약에'라는 질문을 해보자. "만약 이렇게 하면 어떨까?"
- 이런 질문으로 조금의 틈이라도 생긴다면 그것에서 새로운 규칙을 찾아보자.

일반적으로 문제에 관해서는 주어진 문제를 해결하는 것과 새로운 문제를 발견하는 것으로 나누어 생각할 수 있다. 주어진 문제를 잘 푸는 것과 새로운 문제를 잘 발견하는 것은 매우 다르다. 주어진 문제를 창의적으로 해결하는 것도 필요하지만, 일반적으로 창의력은 새로운 문제를 발견하는 데 있다.

그래서 창의성의 중요한 요소 중 하나가 문제 민감성(problem sensitivity)이다. 문제를 민감하게 감지하는 것이다. 당연하게 생각하고 문제라고 여겨지지 않는 것에 "왜 그렇지?", "꼭 그렇게 해야만 하나?", "다른 방법은 없는 걸까?"와 같은 질문을 던지며 새로운 규칙을 발견하는 노력이 필요하다.

- '반드시 ~ 해야 한다'고 생각하는 것들을 적어 리스트를 만들어보자. 그리고 그것들 하나하나에 "꼭 그래야만 하나?"라고 써보자.
- 이 질문에 '꼭 그래야만 한다'는 결론이 나온 것을 제외하고는 모두 새로운 규칙을 만들 수 있는 기회가 있다.

화가 윌리엄 호가스는 어려운 환경에서 교육받을 기회조차 없었지만 날카로운 비판정신으로 18세기 영국 문화계를 풍미한 대가가 되었다. 화가인 그를 사람들은 "셰익스피어 다음가는 희극 작가"라 부르며 그의 그림에서 문화적인 요소를 찾았다. 당시 영국에서는 자국 화가를 무시하는 경향이 강했다. 영국의 귀족들은 이탈리아, 프랑스, 네덜란드 화가의 작품을 소장해야 체면이 선다고 생각했다. 그림을 구입하는 귀족들에게 외면당하는 현실에서 호가스는 '차라리 대중을 공략하자'는 새로운 전략을 세운다.

그는 대중들이 좋아하는 내용과 스타일로 사회 비판적인 그림을 그리기 시작했다. 많은 동료 화가들은 "이제 호가스는 삼류 화가가 되겠군. 스스로 추락을 선언한 꼴이야"라며 비웃었다. 사람들이 비웃거나 말거나 호가스는 대중이 가장 좋아하는 '풍자화'에 매진했고 절대적 인기를 얻어 당대 최고의 자리에 올라섰다.

그런데 문제는 돈이었다. 대중은 열광했으나 그들에겐 돈이 없었다. 호가스는 인기를 얻었지만 그의 그림을 돈 주고 사는 사람은 없었다. 대중이 돈이 없어 그림을 못 사는데 인기가 무슨 소용이 있나? 동료 화가들은 또 한 번 호가스를 비웃었다. 하지만 호가스는 새로운 전략을 생각했다. 그의 전략은 '그림을 판화로 다시 제작해서 대량생산하는 것'이었다. 그렇게 해서 히트 상품이 된 호가스의 판화는 대중에게 팔려나갔고 그는 인기와 더불어 큰돈도 벌게 되었다. 그가 귀족을 위해 그림을 그리는 기존의 규칙에만 갇혀 있었다면 그런 성공을 거두지는 못했을 것이다.

기존의 규칙이 마음에 들지 않는다면 이처럼 과감하게 새로운 규칙에 도전해 보라. 그것이 자신이 원하는 것을 얻는 방법이다. 때로는 자신이 원했던 것을 얻지 못할 때도 있다. 하지만 새로운 규칙을 창조한 사람에게는 더 큰 것을 얻을 기회가 따라온다.

 ## 스스로 새로운 규칙을 만들라

1968년 멕시코 올림픽 이전까지는 높이뛰기 선수가 가로 막대를 가로지르는 방법은 몸을 가로 막대와 평행하게 만들어 몸을 웅크리듯이 넘어가는 것이었다. 이것을 엎드려뛰기, 또는 '웨스턴 롤(Western Roll)'이라고 한다.

그런데 1968년 딕 포스베리라는 무명의 선수가 2미터 38센티미터라는 세계신기록을 세우면서 높이뛰기의 경향은 완전히 바뀌기 시작했다. 그는 힘차게 도움닫기를 한 후에 가로 막대를 향해 몸을 앞으로 기울이는 것이 아니라, 반대로 돌아눕는 자세로 막대를 넘었다. 돌아눕는 자세로 막대 위로 몸을 던지고 다리를 들어올린 후에 등으로 막대를 넘는 것이었다. 처음 보는 그 장면에 관중들은 놀라워했고, 그의 신기록에 또 한 번 놀랐다.

딕 포스베리는 그렇게 배면뛰기라는 방법을 새롭게 개발하여 시도함으로써 금메달을 거머쥐었고, 그의 높이뛰기를 경이롭게 바라보던 사람들은 그의 방법을 '포스베리 플롭(Fosbury Flop)'이라고 부르며 따라 하기 시작했다. 이제는 올림픽에서 정면뛰기를 시도하는 선수는 아무도 없다. 1968년 이전까지 높이뛰기의 규칙은 정면뛰기였다. 하지만 한 무명의 선수가 다른 사람과 정반대로 생각함으로써 이전의 그 어떤 이보다 더 높이 뛸 수 있었고 높이뛰기의 규칙까지 완전히 바꾼 것이다.

다음 숫자들을 관찰해 보자. 패턴을 관찰하고 빈칸을 채워보자(중간에 있는 56
은 34를 잘못 쓴 것이 아니다).

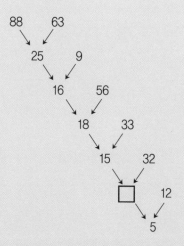

→ 이 문제의 답을 17이라고 한다면 함정에 빠진 것이다. 위의 그림에서 두 수
의 차이가 아래 숫자라고 생각하기 쉬우나, 중간에 16, 56이 있는 줄에서 그 밑
에 18이 나온 것을 보면 그렇지 않다. 따라서 17은 정답이 아니다. 정답은 11이다.
윗줄의 숫자들에서, 자릿수를 무시하고 각 숫자를 더해서 아래 숫자가 나오는 것
이다. 88, 63→25는 8+8+6+3=25인 것이다. 따라서 정답은 11이다.

정답의 틀을 깨라

2

01

모두가 찾는 '금맥'이 아닌 '수맥'에 기회가 있다

의외라고 생각되는 곳에 정답이 있다.
— 필립 체스트필드

19세기 중반 많은 사람이 너도나도 금광이 발견되었다는 미국 캘리포니아로 몰려들었다. 이른바 골드러시였다. 부자가 되겠다는 꿈에 부풀어 모두들 금광 찾는 일에 매달렸지만 대부분은 금 부스러기조차 구경하지 못한 채 점점 지쳐갔다. 17세 청년인 아무르도 그렇게 실패의 문턱에 서 있었다. 그러던 어느 날, 아무르는 금광을 찾아 헤매다가 빈 물통을 보았다. '계속 이 일을 하는 게 무슨 의미가 있지? 아, 물이라도 쉽게 구할 수 있으면 얼마나 좋을까?'

바로 그 순간 그에게 좋은 아이디어가 떠올랐다. '금맥이 아니라, 수맥을 찾자!' 이후 그는 금맥을 찾을 때 사용하던 도구를 이용해 강에서부터 물길을 만들었다. 그는 그 길로 끌어온 물을 여과해 식수로 만들었고, 병에 담아 산 위로 짊어지고 올라가 팔기 시작했다. 과연 그의 예상은 적중했다.

물을 사는 사람들은 날이 갈수록 늘었으며 골드러시가 끝날 무렵 그는 백만장자가 되었다. 금맥을 찾는 일을 수맥을 찾는 일로 바꾸며 기회를 잡은 것이었다. 처음에 찾던 정답이 아닌 새로운 정답을 찾으면서 그는 부자가 되었다.

우리는 하나의 정답을 찾으려고 한다. 하지만 일반적으로 정답은 하나가 아니다. 또한 처음에 찾으려고 했던 것보다 새롭게 발견하게 되는 정답이 훨씬 더 효과적이고 유용한 경우가 많다. 처음에 바라던 것은 아니지만, 기대하지 못했던 것이 우연히 찾아와 더 큰 행운이 되기도 한다. 마치 인도를 향해 가던 콜럼버스가 인도에 도착하지는 못했지만 아메리카 대륙을 발견한 것처럼 말이다. 그래서 하나가 아닌 더 많은 정답을 찾으려는 노력이 놀라운 성공을 만들곤 한다. 대부분의 창조는 그렇게 만들어진다.

3M의 효자 상품인 '포스트잇'도 강력한 접착제를 만들려다 실패하여 만들게 된 것이다. 그것이 오히려 다른 어떤 접착제보다 더 많은 매출을 올리고 있다. 화이자의 '비아그라' 역시 심장병 치료제를 개발하려다 우연히 세상에 나온 제품으로 유명하다.

이렇게 처음에 원했던 목적과는 다르게 만들어졌지만 그것이 오히려 더 큰 이익을 주는 것들이 많다. 이것이 바로 창조를 만드는 '콜럼버스의 법칙'이다. 이 법칙은 세상의 정답은 하나가 아니라고 말한다. 또다른 정답이 있고, 그것이 처음에 바라던 것보다 훨씬 더 좋은 것을 가져다줄 수 있음을 보여준다.

'너도 옳고 너도 옳다'

황희 정승에 관한 일화를 보자.

하루는 집에 들어오는 황희 정승에게 그의 딸이 물었다.

"아버님, 이는 어디서 생기나요? 옷에서 생기나요?"

"그렇지."

딸이 웃으며 "내가 이겼다!" 하고 좋아했다. 그러자 옆에 있던 며느리가 황희 정승에게 물었다.

"아버님, 이는 살에서 생기지요?"

"네 말이 맞다."

며느리가 웃으며 "아버님은 제가 맞다 하시는걸요"라고 웃으며 말했다. 그러자 옆에 있던 부인이 화를 내며 말했다.

"누가 대감더러 지혜롭다고 하겠습니까? 서로 다른 말을 하는데, 둘다 옳다니요?"

부인의 말에 황희 정승은 빙그레 웃으며 이렇게 말했다고 한다.

"이는 살이 아니면 알을 까지 못하고, 옷이 아니고는 붙어 있질 못해. 그래서 두 사람의 말이 모두 옳은 것이오."

하나의 정답만이 존재한다고 생각하는 사람들은 이 이야기를 이해하기 힘들 것이다. 하지만 하나 이상의 정답이 존재할 수도 있다는 것을 인식하는 사람이라면 황희 정승의 교훈을 쉽게 받아들일 수 있다.

정답이 한 가지인 것에 익숙한 우리는 하나의 정답만을 찾으려 한다. 하지만 세상에는 다양한 정답이 존재한다. 당신의 일에도 하나의 정답이 아닌 또다른 정답이 있는 것이다.

 ## 정답은 하나가 아니다

위대한 학자 갈릴레오 갈릴레이는 이런 관찰을 했다고 한다.

자연수의 집합과 짝수의 집합은 다음과 같은 일대일 대응이 존재한다.

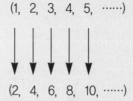

(1, 2, 3, 4, 5, ……)

(2, 4, 6, 8, 10, ……)

일대일 대응이 존재한다는 것은 두 집합의 개수가 같다는 것을 의미한다. 따라서 자연수와 짝수는 개수가 같다.

갈릴레이는 자연수의 개수와 짝수의 개수가 같다는 것을 발견했다. 하지만 그것은 정답이 아니었다. 짝수는 자연수에 포함되기 때문에 둘의 개수가 같다는 것은 정답이 아닌 것처럼 보였다. 그러나 일대일 대응이 존재한다는 것은 어떻게 생각해야 할까?

일반적으로 개수를 세는 것은 일대일 대응을 찾는 것이다. 다음 그림의 점은 6개다.

아이들에게 점이 몇 개냐고 물으면 아이들은 "하나, 둘, 셋, 넷, 다섯, 여섯"이라고 소리 내어 센다. 아이들이 하는 이런 방법은 수학이다. 앞의 점이 6개인 이유는 이 점들과 자연수 집합 {1, 2, 3, 4, 5, 6}을 짝짓는 일대일 대응이 존재하고 이 자연수 집합 중 가장 큰 수인 6을 개수라고 말한다.

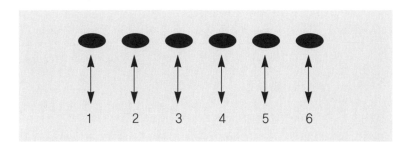

이것은 개수를 세는 수학적인 약속이다. 그래서 어떤 두 집합의 개수가 같다는 것은 두 집합 사이에 일대일 대응이 존재한다는 것을 의미한다. 만약 두 집합 사이에 일대일 대응이 존재한다면 그것들의 개수는 같은 것이다. 따라서 앞에서 갈릴레이가 발견한 일대일 대응은 자연수의 개수와 짝수의 개수가 같다는 것을 증명한 것이다.

지금까지의 이야기는 궤변이 아니라 정통 수학이다. 재미있는 거짓말 하나를 지어낸 것이 아니라, 집합론이라는 정통 수학을 소개한 것이다. 그런데 직관적으로 자연수의 개수와 짝수의 개수가 같다는 것을 이해할 수 있을까? 많은 수학자들이 이것을 이해하려고 하지 않았다. 사람들은 자신들이 이미 알고 있는 정답 외에 새로운 정답을 찾으려 하지 않았기 때문에, 갈릴레이가 발견한 일대일 대응에 대해서는 특별한 관심을 두지 않았다.

하지만 게오르크 칸토어라는 수학자가 그것에 관심을 두고 '집합론'이라는 새로운 정답을 만들어냈다. 그는 무한집합에서는 전체와 부분의 개수가 같을 수도 있다는 것을 발견했다. 그는 무한집합이라고 해서 모두 개수가 같은 것은 아니고, 무한집합의 개수를 세는 것에 대해 학문적으로 체계적으로 연구했다.

사람들이 모두 새로운 정답을 찾는 것은 아니다. 많은 사람들이 새로운 정답이 아닌, 기존의 정답에만 머무른다. 2,500년 전에 피타고라스학파는 무리수를 발견했다. 하지만 그들이 당시까지 알고 있던 수학의 모든 수는 유리수였다. 그들이 발견한 무리수는 전혀 새로운 것이었고 알지 못하는 미지의 것이었다. 이런 미지의 수가 수학에 대한 그들의 연구를 더 위대한 것으로 만들 수도 있었지만 그들은 새로운 정답을 원하지 않았다. 자신들이 이미 알고 있는 하나의 정답에만 머무르고 싶어 했다.

그래서 그들은 그 무리수를 발견한 사람을 죽였고, 세상에 무리수의 존재를 숨겼다. 피타고라스는 정답이 꼭 하나가 아니라는 것을 몰랐다. 자신의 신념만을 추구했다. 그것보다 더 큰 세상이 있다는 것을 발견하고도 그것을 애써 외면하려 했던 것이다.

아파트 12층에 사는 남자가 있다. 이 남자는 출근할 때에는 1층으로 엘리베이터를 타고 내려가지만, 퇴근해서 집으로 돌아올 때에는 항상 엘리베이터를 10층까지 타고 가서 12층까지 걸어간다고 한다. 단, 비가 오는 날이나 다른 사람과 같이 엘리베이터를 탄 날에는 그냥 12층까지 간다고 한다. 왜 그럴까?

→ 일반적으로 알려진 정답은 이 남자가 혼자서는 12층을 누를 수 없는 키가 작은 난쟁이이기 때문이라는 것이다. 하지만 다른 경우도 찾아보자. 세 가지 이상의 가능성을 찾아보자.

02
생각의 출발점을
뒤집어라

누구에게나 숨겨진 능력과 한없이 발전하
려는 능력이 있다.

—손정의

　한 남자가 아내와 같이 영화관에 갔다. 결혼기념일을 맞아 연애
시절처럼 분위기를 내고 싶다는 아내를 위해 예술영화를 보고 있었다.
그런데 예술영화를 보자고 했던 아내는 피곤했는지 영화를 보다가 잠
이 들어버렸다. 남자는 영화가 재미도 없고 해서 그냥 중간에 집으로
돌아왔다. 그런데 남자는 잠든 아내를 깨우지 않고 극장에서 집까지
데리고 왔다고 한다. 남자는 어떻게 잠든 아내를 깨우지도 않고 집까
지 데려올 수 있었을까?

　이 수수께끼는 우리에게 다양한 상황을 생각하게 한다. 이 수수께
끼의 정답은, 그들이 갔던 영화관이 자동차 전용 극장이라는 것이다.
자동차 안에서 영화를 보다가 잠이 든 아내를 깨우지 않고 집까지 데

려올 수 있었던 것이다. 이렇게 수수께끼는 일상적인 상황에서 벗어나 다양한 상황을 고려하게 한다. 다양한 상황을 생각해야 하는 수수께끼를 하나 더 소개한다.

경진은 초등학교 때 혼자서 좋아하던 남자 친구 지수를 우연히 만났다. 뜻하지 않게 우연히 만난 둘은 무척 반가워하며 이야기를 나눴다. 초등학교 시절의 추억으로 이야기꽃을 피우며 즐거운 시간을 보내던 중, 경진의 가슴이 점점 부풀어 오르기 시작했다. 민망하고 쑥스러워진 경진은 얼굴이 빨개졌지만, 가슴은 눈에 띄게 계속 부풀어 올랐다. 급기야 경진은 화장실로 피할 수밖에 없었다. 어떻게 된 일일까?

이 수수께끼의 상황을 살펴보자. 사람의 가슴이 갑작스럽게 부풀어 오른다는 것은 말이 안 된다. 그런데 이 일이 일어난 장소는 비행기 안이다. 경진은 초등학교 동창인 지수를 비행기 안에서 만난 것이다. 그때 경진은 공기흡입식 브래지어를 하고 비행기에 탔는데, 그 브래지어는 브래지어 안쪽 주입구로 공기를 집어넣어서 가슴이 탄력적으로 보이게 하는 제품이었다. 비행기가 이륙하면서 비행기 안의 공기압이 갑자기 내려가서 상대적으로 공기압이 높은 경진의 브래지어 속 공기가 팽창하기 시작한 것이다. 그래서 경진의 가슴은 눈에 띄게 부풀어 올랐던 것이다.

우리는 자신에게 익숙한 상황에 맞춰서 다른 상황을 보기 쉽다. 그러면 하나의 정답에서 벗어날 수 없다. 우리가 맞닥뜨리는 상황은 다양하다. 새로운 정답을 만들려면 다양성을 키워야 한다.

창조의 핵심은 다양성을 키우는 것에 있다. 다양한 경험이 창조의 가장 큰 밑바탕이 된다. 사람은 누구나 자신의 경험 범위를 넘어서지 못한다. 직접 경험이든 간접 경험이든, 더 많은 경험을 하고 더 많은 것을 보는 것이 무언가를 새로이 창조해 내는 데 바탕이 된다.

조직의 시각에서 보자면, 구성원이 다양성을 갖춘다면 조직의 창의성이 커진다. 이를테면 휴대전화를 만드는 회사에는 전자공학을 전공한 사람들만 모여 있으면 된다고 생각할지 모르지만 전혀 그렇지 않다. 정말 그랬다가는 창의성이 전혀 없는, 정말 재미없는 휴대전화만 만들게 될 것이다. 생산 기술을 잘 알고 있는 사람뿐 아니라, 사람들의 심리를 잘 읽어내는 사람, 인간에 대한 기본적인 이해가 깊은 사람, 나이트 클럽에 자주 다녀서 노는 것에 익숙한 사람 등 다양한 경험을 한 사람들이 모여야 새롭고 창의적인 휴대전화를 만들 수 있다.

창의성 있는 조직에는 대개 다양한 환경에서 다양한 경험을 한 사람들이 모여 있다. 전자회사에 럭비 선수 출신이 있기도 하고, 건설회사에 심리학 박사 출신이 있기도 하다. 일단 구성원의 다양성이 부족하다면 조직의 창의성을 다시 점검할 필요가 있다.

외국에서 오랫동안 생활했던 친구에게 이런 말을 들은 적이 있다. "한국 사람들은 어떤 모임에 새로운 멤버가 들어올 때, 그 사람이 자신들과 비슷하면 비슷할수록 더 환영하는 거 같아. 그러니까 같은 동문이든지 고향이 같든지, 또는 종교가 같든지 말이야. 그런데 프랑스 사람들은 새로운 멤버가 기존의 사람들과 비슷하면 별로 환영받지 못해. 오히려 아주 다른 경험을 했거나 환경이 전혀 다른 곳에서 온 사람들을 환영하더라고."

조직의 창의성은 그 조직 구성원이 얼마나 다양한가에 달려 있다고 할 때, 의미심장한 말이다.

다양성을 키우면 창조할 수 있다

두말할 필요없이 좋은 작품을 만들고 싶은 사람이라면 더 다양한 아이디어를 접하고, 더 많이 생각해야 한다. 중요한 것은 같은 생각을 반복하는 것이 아니라 새로운 것을 접하는 것이다. 새로운 아이디어를 줄 수 있는 새로운 자극을 받아야 한다.

'무에서 유가 탄생하지는 않는다. 하늘 아래 새로운 것은 없다.'

이것이 창조의 기본 조건이다. 세상에 없는 것을 찾기보다는 더 많은 경험, 더 다양한 생각들에 자신을 노출시켜 받아들이고 새롭게 적용해 보는 것이 바로 창조의 방법이다.

이를 위한 아이디어 발상법인 브레인스토밍(Brainstorming)에는 두 가지 기본 조건이 있다.

- 판단은 나중에 한다.
- 양이 질을 낳는다.

브레인스토밍은 기본적으로 양이 진화하여 질이 된다는 원리를 바탕으로 하고 있다. 그래서 일단 무조건 더 많은 아이디어, 더 다양한 아이디어를 쏟아붓는 것이 바로 브레인스토밍이다.

'판단은 나중에 한다'라는 브레인스토밍의 제1조건은 유연한 생각을 방해하는 요인을 제거하기 위한 장치다. 제1조건이 유연한 생각을 방해하는 요인들을 제거하는 소극적인 장치라면, '양이 질을 낳는다'라는 제2조건은 유연한 생각을 활성화하는 적극적인 장치다.

일반적으로 사람들은 자신에게 익숙하지 않은 새로운 것에 대해서는 먼저 비판을 하게 된다. 하지만 새로운 생각이나 예전에는 없던 아이디어들은 모두 인식의 틀 밖에서 온다. 그래서 '비판을 하지 않고, 판단을 나중에 하는 방법'이 새로운 아이디어를 만드는 가장 기본적인 태도이다.

또한 아이디어는 진화하는 습성이 있다. A라는 엉뚱한 생각과 B라는 바보 같은 생각, 그리고 C라는 비현실적인 생각이 교묘하게 섞이면 획기적이고 독창적인 D라는 아이디어가 탄생한다. 그렇게 적극적으로 아이디어를 만들기 위해서는 무조건 많은 아이디어를 쏟아내고 그것들을 섞고 결합할 필요가 있다.

방법은 간단하다. 비판을 받지 않는 자유분방한 분위기에서 많은 이야기들을 형식에 구애받지 않고 부담 없이 쏟아내는 것이 우선이다. 그리고 그렇게 쏟아지는 많은 이야기들을 이미 제시된 이야기들과 결합하고 버무려서 더 새로운 아이디어를 만드는 것이다. 누구도 기대하지 못했던 획기적인 아이디어는 이렇게 생겨난다.

천재들에 대한 우리의 고정관념 중 하나는 그들이 천재적인 영감으로 매번 뛰어난 작품을 만들고 위대한 성과를 만들어낼 것이라고 생각하는 것이다. 실제로 영화나 소설을 보면 천재들은 어느 날 자신의 모든 역량을 쏟아부어 불후의 명작을 하나 남긴다. 그러나 그것은 천재들의 진짜 모습이 아니다.

천재들의 공통된 특징은 언제나 방대한 양의 생각을 하며 엄청난 양의 작품을 남긴다는 것이다. 그들이 남긴 불후의 명작이라고 하는 것들은 그렇게 많은 생각 속에서 나온 엄청난 양의 작품들 중 하나일 뿐이다. 영화 속 이야기처럼 작품을 딱 하나 남겼는데, 그 작품이 누구도 따라올 수 없는 불후의 명작이 된다는 것은 비현실적인 일이다.

 ## 다른 관점에서 보라

관점이나 초점을 바꾸는 예를 들어보자. 다음 그림을 보자. 우선 아래에서 O의 개수를 세어보자.

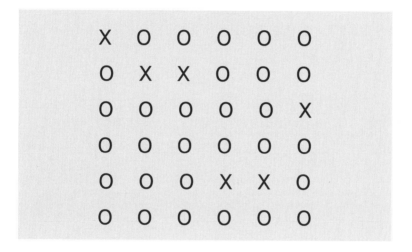

O는 몇 개인가? 아마도 당신은 O의 개수를 세지 않았을 것이다. O보다는 X의 개수가 적기 때문에 X가 6개라는 것을 먼저 셌을 것이다. 그리고 행과 열의 수가 각각 6개이므로 전체는 36개이고 거기서 6개를 빼면 30개가 남는다고 계산했을 것이다. 당신은 O의 개수를 세라는 요구를 받았지만, 초점을 전환해서 전체에서 X라는 글자의 개수를 뺌으로써 문제를 쉽게 해결한 것이다. 그렇다. 바로 이런 태도가 관점을 전환하는 태도다.

이렇듯 관점을 전환하고 다른 출발점에서 문제에 접근하면 문제를 더 쉽게 해결할 수 있다. 문제에 접근하는 방법은 다양하다. 또 하나의 문제를 소개한다.

100명이 참가한 테니스 경기에서 토너먼트 방식으로 우승자를 결정한다. 토너먼트 방식으로 우승자가 나올 때까지 모두 몇 경기가 벌어질까?

아마 당신은 계산을 하기 위해서 머릿속에 대진표를 그렸을 것이다. 100명에서 출발해 단계를 거쳐 올라가는 대진표를 머릿속에 넣고 총 경기 수를 계산해 보자.

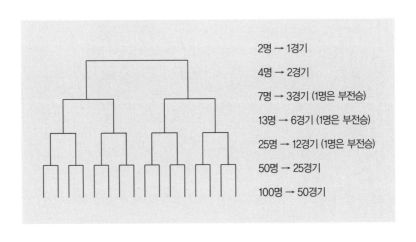

2명 → 1경기

4명 → 2경기

7명 → 3경기 (1명은 부전승)

13명 → 6경기 (1명은 부전승)

25명 → 12경기 (1명은 부전승)

50명 → 25경기

100명 → 50경기

총 경기 수는 99경기다(99 = 50 + 25 + 12 + 6 + 3 + 2 + 1).

이 문제를 쉽게 푸는 방법은 이렇다. 당신의 머릿속에 그려진 대진표를 지워라. 그리고 우승자가 아닌 패자에게 초점을 맞춰보는 것이다. 토너먼트 방식이란 한 경기마다 한 사람씩 탈락한다. 그리고 우승자는 단 한 명이 나온다. 따라서 100명 중 1명을 제외한 99명은 모두

한 경기씩 지고 말았을 것이다. 즉, 그들이 벌인 총 경기 수는 99경기인 것이다. 이 상황을 정리해 보면 이렇다.

참여자 100명 = 우승자 1명 + 패자 99명

당신이 우승자 1명에 초점을 맞춘다면 당신은 머릿속에 복잡한 대진표를 그려야만 할 것이다. 대진표를 단계마다 거쳐 올라가면 최종 단계에 우승자가 1명 남는다. 하지만 초점을 우승자 1명에서 패자 99명으로 바꿔보라. 우승자와 대진표를 지우고 생각의 출발점을 탈락자 99명에 맞춰보라. 그들은 모두 딱 한 번씩만 경기에서 지고 탈락한 사람들이다. 따라서 99명의 탈락자가 나오기 위해서는 99번의 경기가 필요하다. 이렇게 패자의 관점으로 보면, 587명이 참여하는 테니스 경기에서 토너먼트 방식으로 우승자가 나오기까지 치르는 총 경기 수가 586경기라는 것도 쉽게 생각해 낼 수 있다.

관점이나 시각을 바꾸며 비즈니스에서 기회를 얻었던 사례를 시계 산업에서도 살펴볼 수 있다. 세계 최고의 시계는 스위스 시계라고 알려져 왔다. 스위스 시계가 인기를 얻은 이유는 정밀하게 시간이 잘 맞았기 때문이다. 시계는 정밀 제품이다. 스위스 산악 지방 장인들의 정교한 손놀림으로 만든 시계는 시간이 잘 맞아서 사람들에게 인기가 높았다. 그들은 100년에 2초밖에 안 틀리는 시계를 만들어서 사람들에게 제공했다.

그런 시계 산업의 판도를 바꾼 것이 일본의 전자시계다. 1960년대 전자공학이 발전하기 시작하면서 일본 사람들은 시계 산업을 전자 산업으로 바라봤다. 시계는 전자 제품이 되었다. 100년에 0.2초밖에 안 틀리는 시계를 그다지 비싸지 않는 가격에 살 수 있게 된 것이다.

값싼 전자시계가 대량으로 생산되면서 시계 산업은 포화 상태에 이르렀다. 더 이상 시계를 만들어서는 돈을 벌 수 없을 것 같았다. 하지만 시계에 패션 개념을 도입한 회사가 나타났다. 바로 스와치다. 현재 세계에서 가장 많은 시계를 파는 회사가 바로 스와치다. 시계에 시간을 알려주는 기계로서의 가치보다 멋쟁이의 패션을 완성한다는 개념을 부여함으로써 한 사람에게 7~8개의 시계를 팔기 시작하며 스와치는 세계에서 시계를 가장 많이 파는 회사가 되었다. 시계에 대한 관점을 패션 제품으로 바꿨기 때문이다.

이렇게 시계에 대한 인식은 정밀 제품에서 전자 제품으로, 그리고 패션 제품으로 바뀌었다. 그리고 그렇게 시계에 대한 관점을 바꾼 회사들은 시계 산업의 강자가 되었다.

남들과 다른 시각이 필요하다. 그것이 비즈니스의 기회를 만든다. 삼성그룹의 이건희 회장은 자신만의 색다른 시각으로 사안을 해석하는 것으로 유명하다. 그는 '업의 본질'이라는 표현을 하곤 한다. 대표적인 것이 신라호텔에 관한 질문이다. 이건희 회장이 신라호텔의 경영진에게 "호텔 사업의 본질이 무엇이냐?"라고 물었다고 한다. 우리가 생각하듯 사람들은 '숙박업'이나 '서비스업' 등의 답을 내놓았다. 하지만 이건희 회장은 자신이 생각하는 호텔 사업의 본질은 '부동산업'이라고 했다.

그의 말은 이렇다. 어느 지역에 호텔이 들어서면 그 호텔을 중심으로 유동 인구가 증가하며 주변 땅값이 상승하는 효과가 크다는 것이다. 사업이란 그런 효과를 잘 파악하고 현명하게 대처해서 기회를 얻는 것이라는 말이다.

이것은 맥도널드나 스타벅스와 같은 회사의 사례에서도 확인할 수 있다. 맥도널드는 사업 초기에 적자를 면치 못했다고 한다. 매출에 비해 들어가는 비용이 너무 많았기 때문이다. 수익률을 개선하기 위해 레이크록 사장은 부동산을 생각했다. 햄버거를 팔아서는 이익이 생길 수도 있고 때로는 손해를 볼 수도 있었다. 모든 장사가 그렇듯이 남기도 하고 손해도 보는 것이었다.

그러나 맥도널드가 어느 지역에 자리를 잡고 장사를 하기 시작하면 그 거리가 활성화될 테고, 사람들이 많이 다니는 거리가 될 터였다. 그러면 주변 상권이 형성되면서 자연스럽게 주변 땅값이 올라가리라는 생각에서 맥도널드는 햄버거 가게를 열기 전에 그 주변의 땅을 사들였다. 햄버거를 팔기 시작하자 손님이 몰려들었고, 땅값이 올라가자 맥도널드는 그 땅을 팔아 더 큰돈을 벌었다.

과거에 맥도널드가 가졌던 지위를 요즘은 스타벅스가 차지하고 있다. 건물 주인들이 건물의 가격을 올려서 더 많은 임대료를 받으려 1층에 스타벅스를 들인다고 한다. 스타벅스가 들어오면 커피를 마시기 위해 더 많은 사람들이 유입되고 건물의 가격과 임대료가 더불어 올라가기 때문이다.

다른 사람들이 하라는 것을 하고 남이 해석하는 방법으로만 생각하면 기회는 오지 않는다. 새로운 비즈니스의 기회는 다른 시각, 다른 관점으로 상황을 해석할 때만 얻을 수 있는 것이다.

　자신이 제공하는 상품이나 서비스의 기본적인 용도를 써보고, 그 용도를 바꿔
보자. 예를 들어, 휴대전화의 기본적인 용도는 전화 통화다. 그러나 요즘 아이들
은 휴대전화로 게임을 하거나 음악을 듣는 데 더 많은 시간을 들인다. 휴대전화
는 커뮤니케이션 도구에서 엔터테인먼트 도구로 바뀌고 있다.

자동차도 마찬가지다. 기계 제품인 자동차의 핵심은 엔진이다. 하지만 자동차의
많은 부품들이 전자화되고 있다. 자동차가 기계 제품에서 전자 제품으로 바뀌고
있는 것이다. 자신이 제공하는 상품이나 서비스도 다른 시각에서 바라보자. 무엇
이 가능할까?

03

자신만의 정답을 만들어라

우리가 갈 길은 우리가 조종해야 한다.
안 그러면 다른 사람이 조종할 것이다.
― 잭 웰치

흑백 사진처럼 보이면서도 어딘지 모르게 신비스러운 느낌을 주는 오른쪽의 사진은 일반 사진기가 아닌 엑스레이를 이용해 장미를 찍은 것이다. 빛 대신에 엑스선을 이용한 이런 사진을 '엑스레이 포토그래피(X-Ray photography)'라고 한다. 엑스레이로 사진을 찍기 시작한 한 예술가가 개척한 새로운 예술 영역이다.

흥미로운 것은 엑스레이는 병원이

앨버트 코에처 〈장미(Rose)〉

나 실험실에서 실용적인 목적을 위해 사용하던 도구인데, 그런 도구를 이용하여 감성적인 예술 작품을 만들었다는 점이다. 바라보는 시각을 바꿔 새로운 답을 만드는 매우 단순하면서도 효과적인 방법은 그런 식으로 용도를 바꿔보는 것이다. 이성적인 일에는 감성적으로 접근해 보고, 감성적인 일에는 이성적으로 접근하는 것이 새로움을 만들어내는 한 방법이다.

 ## 이성적인 문제는 감성적으로
감성적인 문제는 이성적으로

'영국에서 프랑스까지 가장 빨리 가는 방법은?'

한 외국 방송의 시청자 퀴즈에서 나온 문제다. 이에 많은 응모자들이 각양각색으로 다양한 답을 제시했다. 제트기로 가기, 배를 타고 가기, 영국과 프랑스 간 도버 해협의 해저 터널을 이용해 유로스타로 가기 등.

그때 그 방송국에서 1등으로 뽑은 정답은 바로 이것이었다. '친구와 함께 간다. 친한 친구나 사랑하는 사람과 같이 가면 시간 가는 줄 모르기 때문에 가장 빨리 갈 수 있다.'

새로운 아이디어를 만드는 가장 대표적인 방법은 바로 '다른 측면을 보는 것'이다. 영국 런던에서 프랑스 파리까지 가장 빨리 가는 방법을 묻는 문제는 우리에게 어떻게 다른 측면을 볼 것인가를 제시한다. 모두가 이성적으로 합리적인 생각을 할 때, 오히려 감성적으로 접근한 사람이 주목을 받았던 것이다. 이성적인 문제를 감성적으로 접근하고, 감성적인 문제를 이성적으로 접근하는 것은 새로운 아이디어를 만드는 매우 좋은 방법이다. 비즈니스 사례를 보며 확인해 보자.

천연 다이아몬드는 탄소(C)가 최고로 압축된 형태다. 지구 표면에서 약 150킬로미터 아래에 있는 맨틀에서 지표의 3만 배 정도 되는 압력과 400°C의 고온에서 만들어진다. 보통 흑연을 압축하면 다이아몬드를 만들 수 있다는 사실은 잘 알려져 있다. 하지만 이는 사업성이 떨어져 만들지 않는다. 그렇게 만든 다이아몬드 가격보다 더 많은 비용이 열과 압력을 가하는 데 들어가기 때문이다. 그러나 이렇게 사업성이 없는 사업에 뛰어들어 큰 성공을 거둔 회사가 있다. 바로 '메모리얼 다이아몬드(Memorial Diamond)'라는 것을 만든 스위스 회사 알고르단자다.

메모리얼 다이아몬드는 한마디로 사람의 유골로 만든 보석이다. 죽은 사람의 뼈 약 500그램(성인 유골분의 25퍼센트 정도)을 열처리해 불순물을 제거하고 탄소를 추출한 후, 거기에 1,300°C 온도와 55Gpa(기가 파스칼)의 압력을 가해 다이아몬드로 제작하는 것이다. 사랑하는 사람의 뼈로 만든 다이아몬드를 소장하고 싶어 하는 사람들이 이 메모리얼 다이아몬드를 소장하기 위해 많은 돈(0.3~0.7캐럿, 400만~1,300만 원 정도)을 지불한다고 한다. 사랑하는 사람과의 추억을 간직하고 싶다는 감성을 이성적인 방법으로 접근해 사업적인 성과를 거둔 것이다

메모리얼 다이아몬드가 다이아몬드 제조 사업에 감성적으로 접근하여 성공한 사례라면, 반대로 다른 사람들이 대부분 감성적으로 접근했던 상품을 이성적으로 접근해 성공시킨 사례를 요즘 신발 산업에서 많이 볼 수 있다. 악어 모양의 신발 크록스와 마사이워킹 슈즈가 대표적이다.

일반적으로 사람들은 신발을 선택할 때 디자인을 주로 보거나 유명 브랜드에 따라 선택하곤 한다. 감성적으로 신발에 접근하는 것이다. 그런 사람들에게 크록스는 '물에 젖지 않을 뿐 아니라, 편안하고 가벼운 착용감과 항바이러스, 냄새 억제 등 다양한 기능이 있다'는 점을 부각하여 사람들에게 폭발적인 인기를 끌고 있다.

요즘 국내에서도 인기 있는 마사이워킹 슈즈도 운동과 건강이라는 측면에서 신발의 기능적인 점을 재발견하며 인기를 끌고 있다. 이것도 분명 감성적인 상품을 이성적으로 재해석한 것이라고 볼 수 있다.

 ## 새로운 정답을 만들라

미국 메이저리그 야구 팀 오클랜드 애슬레틱스는 1990년대 후반 최악의 부진을 거듭하고 있었다. 팀 성적은 최하위권이었고, 좋은 선수를 영입할 수 있는 영입 자금은커녕 팀의 재정 상태도 좋지 않았다. 새로 취임한 단장 빌리 빈은 이런 열악한 상황에서 새로운 선수를 데려오거나 트레이드하여 팀을 새롭게 꾸려야 했다. 그는 그렇게 하기 위해서 자신이 새로운 정답을 만들기로 했다. 그는 선수를 평가하는 일반적인 방식에 의문을 던졌다. 그리고 일반적으로 사람들이 받아들이는 진리 중 몇 가지는 더 이상 유효하지 않다는 것을 깨달았다.

일반적으로 타자를 평가할 때 사람들은 홈런·타율·타점·도루 등의 요소로 평가한다. 하지만 그는 새로운 평가 방법을 썼다. 그는 출루율·장타율·사사구 비율 등을 평가 요소로 선택했다. 투수에 대해서는 승수·방어율·직구 구속과 같은 평가 대신 사사구·땅볼 대 뜬

공 비율 등과 같은 다른 평가 요소를 마련했고, 특히 선수의 성품과 사생활과 같은 눈에 보이지 않는 요소까지 평가했다.

예를 들어, 2002년 자유계약선수로 풀린 스콧 헤티버그는 타율과 홈런이 저조하여 다른 팀의 주목을 받지 못했지만, 빌리 빈 단장은 그가 매우 좋은 출루율을 기록하고 있는 것에 주목하여 그를 영입했다. 그는 팀의 승리에 매우 큰 공헌을 했다. 이렇게 저평가된 선수를 새로운 평가 기준으로 발굴하여 오클랜드는 2000~2003년 포스트 시즌에 연속 진출하는 강 팀으로 거듭났다. 새로운 정답을 만들어낸 결과였다.

같은 생각을 하며, 같은 방법으로 경쟁하는 것은 쉽지 않다. 더욱이 그런 게임에서는 승리해도 얻는 것이 별로 없는 경우가 많다. 쉽게 더 많이 얻는 방법은 새로운 정답을 만드는 것이다. 다른 방법으로 다른 곳에서 새로운 기회를 찾는 것이다.

★ Exercise ★

자신이 하는 일의 구체적인 리스트를 써보자. 그리고 그것들의 기본적인 성격을 이성과 감성으로 나눠보자. 이성적인 일의 비율과 감성적인 일의 비율로 일의 성격을 파악하고, 다른 측면에서 어떤 새로운 시도를 할 수 있는지 기회를 찾아보자. 또한 고객도 남자와 여자로 나눠보자. 상품이나 서비스가 남성에 초점이 맞춰져 있다면 여성에게서, 여성에 초점이 맞춰져 있다면 남성에게서 기회를 찾아보자.

확실함의 틀을 깨라

3

01

확실한 것에는
기회가 없다

> 혁신적인 아이디어를 제시할 때 사람들이
> 비웃지 않는다면 그 아이디어는 좋은 것이
> 아닐 확률이 높다.
>
> — 테드 터너

미국 하버드대에 합격한 콜레트라는 영국인 청년이 있었다. 그는 대학에서 미국인 친구와 친하게 지냈다. 어느 날 미국인 친구가 32비트 회계 소프트웨어를 개발하여 회사를 창업하자고 제안했다. 그러나 그저 공부를 하러 유학 왔던 콜레트는 대학 과정을 포기하면서까지 그 제안을 받아들일 생각은 하지 못했다. 결국 미국인 친구는 혼자 학교를 자퇴하고 회사를 창업하여 소프트웨어 개발에 나섰다.

시간이 흘러 1992년 콜레트는 하버드대에서 박사 학위를 받았다. 그는 비로소 32비트 소프트웨어를 개발할 수 있겠다고 생각했다. 하지만 그때 이미 미국인 친구는 억만장자로 이름을 날리고 있었다. 그 친구가 바로 마이크로소프트의 빌 게이츠였다.

불확실함에 숨은 기회를 찾아라

모든 기회는 불확실함에 숨어 있다. 많은 사람들이 확실한 것을 찾지만, 확실하게 보이는 것에는 이미 기회가 없다. 확실하게 성공을 보장받는 일을 하려 하고 수익성이 보장되는 확실한 일에 투자하려 한다. 어떤 사람은 불확실한 것이 확실해질 때까지 기다린다. 하지만 그런 기다림은 기회를 잃게 만든다. 반면 현명한 사람은 불확실하기 때문에 그 속에 숨겨진 더 좋은 기회를 찾는다.

불확실함에 대해 사람들은 두 가지 반응을 보인다. 어떤 사람은 불확실성을 멀리하고 피하며, 아예 처음부터 불확실한 게임에는 참여조차 하지 않는다. 다른 부류의 사람은 불확실성을 인정하고 그 속으로 들어가 불확실한 게임에 참여한다. 이들 중 기회를 얻는 사람은 불확실한 게임에 참여하는 쪽이다. 기회를 얻고 또다른 도전을 한다는 것은 언제나 불확실한 게임에 참여한다는 의미다.

불확실성을 피하려는 사람의 처지에서 생각해 보자. 그들은 시장조사를 하고 트렌드를 읽고 전문가의 조언을 따르려 한다. 하지만 그렇게 무엇인가 확실한 계산을 바탕으로 행동하는 것은 미래를 예측하는 것이 아니라 오히려 대중심리를 좇는 것이다. 대중심리를 따라가다 보면, 아파트 값이 최고조에 이르렀을 때 아파트를 구입한다든지, 주식시장이 과열되었을 때 주식을 사는 것처럼 기회를 잡는 것이 아니라 오히려 시장의 먹잇감이 되기 쉽다. 오히려 불확실성 속에서 가능성을 찾아 불확실한 게임에 참여하는 것이 더 낫다. 불확실성을 즐기는 것이야말로 바로 창의적인 사람의 특징이다.

'바보' 아이디어에 주목하라

혁신적인 아이디어의 탄생에서 주목할 점은 그 아이디어가 처음 제시될 때는 누구도 그 아이디어에 쉽게 찬성하지 않는다는 것이다. 처음에는 너무 이상하고 비상식적으로만 들렸던 아이디어들이 결과적으로는 엄청난 힘을 과시하는 좋은 아이디어로 발전하곤 한다.

처음 들었을 때 멋진 아이디어이고 합리적인 아이디어라면 그것은 상식을 뛰어넘는 혁신적인 아이디어가 될 가능성이 낮다. 사람들은 누구나 자신의 생각의 틀 밖에 있는 아이디어에 대해서는 비판하고 비난한다. 그래서 사람들의 생각을 뛰어넘는 아이디어는 초기에 꽃도 피워보지 못하고 짓밟히는 경우가 많다.

혁신적이고 획기적인 아이디어의 첫인상은 바로 '바보 아이디어'다. 너무나 엉뚱해서 바보 같은 이야기로만 들린다는 얘기다. 물론 바보 같은 생각들이 모두 혁신적인 아이디어일 수는 없다. 그러나 똑똑하고 현명한 생각들로만 출발해서는 결코 혁신적이고 획기적인 아이디어를 얻을 수 없다는 사실을 알아야 한다. 현명하고 논리적인 생각들만으로는 혁신적이고 획기적인 아이디어를 얻을 수 없는 것처럼, 확실하고 명확한 것으로만 채워진 상황에서는 더 이상의 기회가 없다.

혁신적인 아이디어가 처음 제시될 때에 사람들의 반응에 대하여 CNN 창립자 테드 터너는 이렇게 말했다.

"혁신적인 아이디어를 제시할 때 사람들이 비웃지 않는다면, 그 아이디어는 좋은 것이 아닐 확률이 높다."

테드 터너는 자신이 말했던 것처럼 사람들에게 혁신적인 아이디어를 제시하고 비웃음을 당한 적이 있다.

1980년 40대 초반이던 테드 터너는 조그만 광고회사를 경영하다 방송의 역할이 날로 더 커져가는 것에 주목했다. 그는 24시간 뉴스만 방송하는 방송국을 세우기로 했다. 당시는 유명 연예인이 출연하는 토크쇼나 드라마가 인기를 독차지하고 있었기 때문에, 주변 사람들은 그의 생각을 무모하고 가능성이 없다고 말렸다.

"하루 종일 뉴스만 하는 채널을 누가 보겠나? 테드 터너가 드디어 미치기 시작했군."

사람들이 뉴스만 하는 방송은 성공 가능성이 불확실하고 수익성을 보장받을 수 없다고 지적할 때, 그는 그렇기 때문에 그 일에 더 큰 기회가 있다고 확신했다. 1980년 6월 1일 애틀란타에서 CNN이 드디어 첫 전파를 송출했다. 기자들이 테드 터너에게 이렇게 물었다.

"왜 남들이 안 된다고 하는 뉴스 전문 채널을 만들었습니까?"

테드 터너는 이렇게 말했다.

"비행기가 발명되지 않았을 때, '날아다니는 물체를 돈을 내고 타겠느냐?'라고 묻는 것은 어리석은 일입니다. 새로운 발명은 일반 생활용품처럼 수요에 따라 공급하는 것이 아니라, 오히려 공급이 수요를 창출합니다."

CNN이 처음으로 내보낸 뉴스는 텍사스 주에서 발생한 흑인 지도자 저격 사건이었다. 이어 1981년 레이건 대통령 저격 사건, 교황 요한 바오로 2세 저격 사건 등을 방송하면서 CNN은 사람들의 주목을 받기 시작했다. 그러던 1991년, 걸프전이 터졌다. 전 세계인들은 CNN에서 24시간 보내는 전쟁터의 생생한 장면들에 주목했고, 폭발적인 반응을 보였다.

CNN은 엄청난 성장을 이루었다. CNN은 이제 전 세계에서 10억이 넘는 사람들이 매일 시청하는 거대 방송이 되었다.

알 수 없는 불확실함의 매력

19세기는 이성의 시대였다. 합리적인 생각으로 모든 것을 확실하게 알 수 있을 것만 같았다. 하지만 20세기를 맞이한 사람들은 확실하고 정확한 세계관은 현실이 아니며 불확실하고 정확히 알 수 없는 것이 현실적인 세계관임을 알게 된다. 그런 대표적인 발견이 괴델의 불완전성의 정리와 하이젠베르크의 불확정성의 원리다.

20세기 초 수학자들은 수학의 완벽하고 확고한 기초를 만들고 그 위에 학문을 세우려고 했다. 힐베르트가 중심이 되어 탄탄한 학문적인 기초를 만들고 수학, 물리학 등 모든 학문을 뿌리부터 단단하고 확고히 세우겠다는 계획이었다.

하지만 그 프로그램에 동참하여 연구하던 젊은 수학자 쿠르트 괴델은 1931년 불완전성 정리를 발표하며 완벽하고 확실한 학문의 기초는 있을 수 없음을 증명했다. 완벽하고 확실한 수학의 체계를 수립하려던 사람들은 자신들의 계획이 이루어질 수 없음을 알게 되었다. 사람들은 확실한 것도 없고 완벽할 수 없는 세상에서 오히려 흥미와 또다른 재미를 찾기 시작했다.

하이젠베르크의 불확정성의 원리란, 원자 내부의 전자의 위치를 찾는 것은 불가능하다는 것이다. 그 이유는 현미경으로 빛이나 전파를 이용해 전자를 찾아야 하는데 이런 파동들이 전자에 닿으면 전자의 위치가 바뀌게 되어 전자의 처음 위치를 찾을 수 없기 때문이다. 그래서 인간이 알 수 있는 것은 확률적인 가능성뿐이라는 것이다.

닐스 보어는 태양 주위를 도는 태양계의 행성들처럼 원자핵 주위를 돌고 있는 전자들의 모습으로 원자 모형을 만들었다. 이것은 원자 핵과 전자의 관계를 가장 잘 설명하는 완벽한 모델처럼 보였다. 하지만 하이젠베르크는 불확정성 원리를 통해 전자는 원자핵 주위에서 발견될 수 있는 확률로만 그 존재를 말할 수 있다고 했다. 정확하고 확실하게 전자가 어디에 있고 어떤 경로를 움직이는지는 알 수 없다는 것이다.

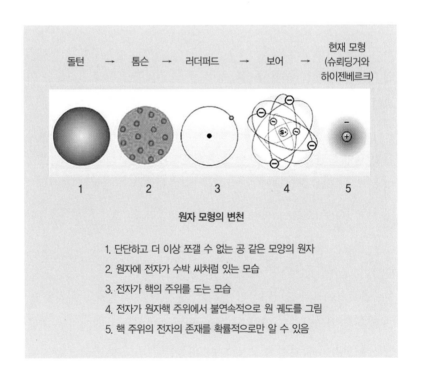

원자 모형의 변천

1. 단단하고 더 이상 쪼갤 수 없는 공 같은 모양의 원자
2. 원자에 전자가 수박 씨처럼 있는 모습
3. 전자가 핵의 주위를 도는 모습
4. 전자가 원자핵 주위에서 불연속적으로 원 궤도를 그림
5. 핵 주위의 전자의 존재를 확률적으로만 알 수 있음

어떤 것의 상태를 알려면 그것을 관찰해야 하는데, 관찰을 하기 시작하면 관찰하는 것이 관찰 대상에게 영향을 주어 관찰 대상이 처음의 상태와 다른 모습으로 바뀐다는 말이다. 그래서 원래의 모습은 관찰로 알 수가 없다는 것이 불확정성의 원리다. 이것은 사건의 원인과 결과가 우리가 생각하는 것처럼 확실하게 존재하지 않는다는 것을 보여준다.

양자역학의 불확정성의 원리는 자연과학이 아닌 사회과학과 철학에도 확고하게 자리 잡았고, 이로써 확실하고 합리적인 이성의 시대가 아닌 불확실함을 즐기는 포스트모더니즘의 시대가 도래했다. 확실한 것이 아닌 불확실하고 정답을 정확히 알 수 없는 것이 더 현실적이라는 시대 정신은 문화와 예술에도 이어졌다. 사람들은 정확한 그림이 아닌 추상에 호기심을 갖기 시작했고, 쉽고 편한 시보다는 난해하고 알 수 없는 문학에 열광하기 시작했다. 알 수 없는 불확실함의 매력이 그림과 시의 가치를 더 높였다.

 ## 햄릿보다는 돈키호테가 되라

불확실한 데다 우유부단한 대표적 인물은 셰익스피어의 '햄릿'이다. 그는 생각의 과잉으로 올바른 판단과 필요한 의사 결정을 하지 못하는 사람이다. 망상과 회의, 그리고 우유부단과 결정력 부족으로 그는 아버지를 살해한 숙부에 대한 복수를 다짐하면서도 결행하지 못한다. 결국 그의 과도한 신중함은 그 자신과 주위 사람들을 모두 죽음으로 몰아넣는 비극적 결말을 낳는다.

셰익스피어의 『햄릿』이 500년이 지난 지금까지 사람들에게 영감을 주는 것은 '인간은 확신이 없더라도 때로는 무언가를 결정하고 선택해야만 한다'는 것을 잘 보여주기 때문이다. 장고 끝에 악수를 두며 우유부단하고 심지어 의사 결정에서 어떤 결론조차 내리지 못하는 것을 '햄릿의 딜레마'라고 한다.

햄릿과 상반되는 인간형은 돈키호테다. 세르반테스의 『돈키호테』는 인간이 얼마나 충동적 존재인가를 재미있게 보여준다. 돈키호테의 머릿속에는 오로지 자신의 신념과 가치만이 존재한다. 그는 주위 상황을 고려하는 합리적인 판단력이 없다. 다른 사람이 뭐라 하든 말든 신경 쓰지 않고 밤하늘의 별을 따려 하고, 싸워 이길 수 없는 존재와 싸운다. 그는 합리적인 계산과 논리적인 생각으로 고민하기보다 먼저 풍차를 향해 돌진한다.

햄릿은 우유부단의 대명사로, 돈키호테는 무모함의 대명사로 불린다. 햄릿은 지식은 있지만 행동이 따르지 않는 사람으로, 돈키호테는 생각 없이 충동적으로 행동하는 사람의 대명사다. 세상에는 햄릿형과 돈키호테형 두 종류의 인간만 있는 것은 아니다. 이것은 디지털의 0, 1처럼 완벽하게 둘 중 하나로 존재하는 것이 아니라, 햄릿형에서부터 돈키호테형까지 다양한 사람들의 스펙트럼이 존재한다. 어느 정도 햄릿에 가까운 사람, 또는 매우 많이 돈키호테에 가까운 사람이 있는 것이다.

둘의 중간인 균형점에 자리잡는 것이 항상 최선은 아니다. 변화가 많고 불확실성이 큰 사회에서는 햄릿의 딜레마를 벗어나라고 사람들은 충고한다. 장고 끝에 악수 두지 말고, 오히려 돈키호테와 같이 자기 자신을 믿고 따르는 결정을 하라는 것이다.

2002년 노벨연구소는 세계 최고의 작가 100인을 대상으로 실시한 설문조사에서 '문학 역사상 가장 위대한 소설'을 선정한 적이 있다. 최고의 작가들이 뽑은 최고의 작품은 바로 세르반테스의 『돈키호테』이다. 지금으로부터 400년 전에 씌어진 이 소설이 최고의 문학작품으로 뽑힌 이유는 돈키호테라는 인물을 통해 인류가 본받을 만한 인간상을 만들었기 때문이다.

돈키호테는 분명 비정상적이고 이상한 사람이다. 그런 그에게 21세기를 살아가는 용기를 배울 수 있다는 것에 주목해야 한다. 그는 언제나 이상을 향해 끊임없이 도전하는 용기가 있다. 때로는 현실적인 벽을 생각하지 않는 무모함을 보이지만, 결코 꿈을 버리지 않는 강인함이 있다. 이루어질 수 없는 사랑에 빠지는 순수함도 있고, 강력한 적과 싸우면서도 물러서지 않는 삶의 태도를 보이며, 잡을 수 없는 하늘의 별을 따려는 이상적인 삶을 살았다.

햄릿과 돈키호테는 전혀 다른 사람이지만 우리의 마음속에는 햄릿도 돈키호테도 살아 있다. 돈키호테를 배워보자. 그것이 21세기에 우리가 새롭게 깨달아야 할 꿈과 성공에 대한 태도다. 재미있는 것은 햄릿과 돈키호테를 탄생시킨 셰익스피어와 세르반테스는 태어난 날은 달라도 같은 날(1616년 4월 23일)에 죽었다는 사실이다.

자신의 성향이나 특징 중에 햄릿형에 속하는 것과 돈키호테형에 속하는 것을 찾아보자. 그리고 자신이 전반적으로 햄릿에 가까운지, 아니면 돈키호테에 가까운지 판단해 보자. 스스로 햄릿과 돈키호테에게 배울 것이 있다면 각각 무엇인지 생각해 보자.

02

가보지 않은 길은
누구나 두렵다

> 두려움을 극복하는 것이 무력감에서 오는
> 근원적인 두려움을 안고 사는 것보다 훨씬
> 덜 두려운 일이다.
>
> — 수전 제퍼스

다음 두 질문에 답해보자.

- 땅바닥에 폭 50센티미터 길이 5미터의 판자가 있다. 당신은 이 판자를 벗어나지 않고 균형을 잡으며 그 위를 걸어갈 수 있나?
- 두 개의 30층 빌딩 사이에 폭 50센티미터 길이 5미터의 판자가 걸쳐 있다. 판자는 단단하게 고정되어 있고, 당신이 그 판자 위에 올라가도 판자는 절대 부러지지 않는다. 당신은 균형을 잡고 그 판자 위를 걸어갈 수 있나?

땅바닥에 있는 폭 50센티미터의 판자 위를 걸어가는 것은 누구나 할 수 있다. 그러나 그 판자가 30층 높이의 빌딩들 사이에 놓여 있다면 웬만한 사람은 그 판자 위에 서 있지도 못할 것이다. 차이는 무엇일까? 당연히 두려움을 느끼느냐 느끼지 않느냐의 차이다.

웬만큼 간이 큰 사람이 아니라면 30층 높이의 빌딩 꼭대기에 놓인 판자 위를 걷는 것은 엄두도 못 낼 것이다. 아마 그냥 서 있기도 어려울 것이다. '떨어지면 죽는다'는 생각이 들고 그 생각들은 손끝에서 발끝까지 우리 몸 전체를 얼어붙게 만들고 정상적인 몸의 상태를 깨뜨린다. 몸은 떨리고, 다리의 힘은 빠지고, 자기도 모르게 손을 이리저리 휘젓게 되면서 몸을 지탱하지 못한다.

결국 '떨어지면 죽는다'는 두려움과 공포 때문에 대부분의 사람들은 몸의 균형을 잃어 떨어지고 말 것이다. 만에 하나 떨어지면 죽는다는 두려움이 이 두 질문의 답을 다르게 만드는 것이다.

떨어지면 죽는다는 두려움이 균형 잡고 제대로 서 있는 것조차 어렵게 만드는 것처럼, 우리의 삶에서도 두려움은 일을 더 어렵게 만든다. '이번에 시험에 떨어지면 어떻게 하지?', '그녀에게 고백을 하려는데, 싫다고 거절하면 어떻게 하지?', '계약이 성사되지 않으면 어떡하지?' 이처럼 두려움의 크기와 모양은 다양하고 두려움은 삶의 구석구석에서 우리를 괴롭힌다. 그런 두려움을 이겨내야만 자기 실력을 충분히 발휘할 수 있다.

자신감과 용기를 바탕으로 두려움을 극복하는 것은 창의성을 비롯한 본래의 능력을 발휘하는 데 강력한 영향을 준다. 그래서 현명한 사람들은 마음의 수양을 강조한다. 마음을 단련하며 두려움을 극복하는 것이 중요하기 때문이다. 두려움에 관한 이야기 하나를 소개한다.

어떤 사람이 길을 가다가 '재난'과 '두려움'을 만났다. 그 사람이 재난에게 물었다.

"재난아, 어디 가니?"

"응, 지금 나는 사람 만 명을 죽이러 가는 길이야."

"참 끔찍한 일이다. 너 혼자 만 명을 죽인다는 거야?"

그 사람의 물음에 재난은 다음과 같이 대답했다고 한다.

"아니, 나는 100명밖에 못 죽여. 나머지는 두려움이 다 죽일 거야."

재난보다 더 많은 사람을 죽이는 것이 바로 두려움이다.

두려움은 누구에게나 있다

우리는 쉽게 이길 수 있는 상대하고만 경기를 하거나 게임을 하고 싶어 한다. 마찬가지로 쉽게 얻을 수 있는 목표를 세우고, 당장 눈앞에 해결책이 보이는 문제에만 도전한다. 실패하는 것이 두렵고 새로운 것이 두렵기 때문이다. 두렵기 때문에 한발 뒤로 물러서면서 좀더 실력을 갖춘 다음 도전하겠노라고 기회를 미루기만 한다. 실력을 갖추면 두려움이 없어질 것이라고 생각하면서 말이다.

그런데 어떤 것이든 새로운 것을 시도할 때 두려운 생각이 드는 것은 당연한 일이다. 또한 익숙하지 않은 영역에 발을 들여놓을 때마다 두려움을 경험하게 되는 것도 당연하다.

사소한 것이라 해도 익숙하지 않은 것은 두려운 법이고, 아무리 실력을 갖춘 사람이라도 낯선 상대를 만나면 긴장할 수밖에 없다. 누구나 그렇다. 두려움을 느끼지 않는 사람은 없다. 강한 사람은 두려움을 느끼지 않는 것이 아니라, 두려움을 이겨내는 사람인 것이다.

실패에 대한 두려움 때문에 해결 방법이 눈에 보이는 문제에만 매달리고, 이미 갈 길이 뻔히 보이는 목표만 세워서는 안 된다. 해결 방법이 눈에 보이는 문제는 진정한 문제가 아니고, 이미 가야 할 길이 앞에 놓인 것은 목표가 아니다. 성취하기 어려운 목표와 불확실한 미래는 항상 두렵게 마련이다. 이건 누구나 마찬가지다. 차이가 있다면, 창의적인 사람은 그런 두려움을 어렵지 않게 이겨낸다는 것이다.

넘어지는 것은 배우는 과정이다

최고의 인기를 누리다 사업에 실패하고 결혼에도 실패했던 개그맨이 텔레비전 방송에 출연해 자신은 넘어져도 다시 일어날 자신이 있다고 말하는 것을 들은 적이 있다. 그는 아이들이 걷기 위해서는 평균 2,000번 정도 넘어진다며 우리는 모두 다 그러한 과정을 겪고 지금처럼 걸을 수 있게 된 것이라고 했다. 그렇게 사람은 누구나 넘어질 수 있으니 그때마다 어렸을 적에 2,000번을 넘어져도 다시 일어나 결국은 걸었던 것처럼 다시 일어나라고 충고했다.

어떻게 보면 넘어지는 것은 자연스러운 일이다. 아이가 걸음마를 배울 때 넘어지고, 자전거를 배울 때 넘어지는 것처럼 말이다. 그렇게 넘어졌다고 포기하고 배우는 것을 중단한다면 우리는 걷지도 못하고 자전거를 탈 수도 없다. 넘어지는 것은 배우는 과정이다. 실패도 마찬가지다. 실패도 배우는 과정이고, 인생을 경험하는 과정이다.

과학자들은 실험을 한다. 그런데 실험을 할 때마다 과학자가 원하는 결과가 나오는 것은 아니다. 100번 1,000번의 실험 중에 의미 있는 발견이나 자신이 원했던 결과를 얻는 경우가 한 번이라도 있다면 그것은 획기적인 성과이다. 우리의 인생에서 '실패'란 과학자들의 '실험'과 비슷한 것이다. 과학자들의 실험은 결과가 아니라 결과를 찾아가는 과정이다. 마찬가지로 우리의 실패는 결과가 아니라 우리가 원하는 창의적인 결과를 향해 가는 과정일 뿐이다.

원하는 결과가 나오지 않으면 어떻게 하나 두려워하며 그런 두려움 때문에 실험을 포기하는 과학자는 없다. 마찬가지로 불확실하기 때문에 실패가 두려워 포기하는 것은 어리석은 짓이다. 창의적인 결과를 만드는 가장 큰 힘은 용기와 자신감을 갖고 자기 앞에 주어진 불확실한 상황을 즐기는 것이다.

더 많은 연습과 준비가 두려움을 없앤다

우리가 반드시 기억해야 할 것은, 두려움을 확실하게 극복하는 방법은 더 많은 연습과 준비라는 것이다. 예를 들어, 당신이 대중 앞에서 어떤 행사를 진행한다고 생각해 보자. 당신 앞에는 300~400명이 앉아 있다. 당신은 순서에 따라 특정한 사람들을 소개하기도 하고 청중들에게 반응을 물어보기도 해야 한다. 당신은 평소처럼 자연스럽게 이야기하며 유머도 구사하고 위트 있게 잘 진행할 수 있을지 생각해 보자.

아마 대부분의 사람들은 300~400명 앞에 서면 가슴이 떨려서 평소처럼 말하기도 힘들 것이다. 그 앞에서 자연스럽게 유머를 구사하기도 힘들 것이고, 즉흥적으로 재치 있는 말을 하기도 어려울 것이다. 왜냐하면 그런 경험이 없기 때문이다. 경험 없는 사람이 그런 상황에서 두려움을 없애고 자신감 있게 행사를 진행하려면 철저한 준비와 상황에 대한 연습을 많이 하는 방법밖에 없다.

프레젠테이션을 잘하기로 유명한 스티브 잡스의 프레젠테이션 비법을 소개한 책을 본 적이 있다. 기자 출신인 작가는 스티브 잡스의 프레젠테이션 방법을 구체적으로 하나하나 소개했다. 저자는 그런 기술적인 요인들보다 더 중요한 요소로 잡스가 철저하게 준비하고 연습한다는 점을 지적했다.

대부분의 일도 그러하다. 처음 접하는 일은 언제나 어렵고 두렵다. 하지만 많이 연습하고 익숙해지면 그런 두려움이 조금씩 없어지는 것이다.

나에게도 가끔 "대중 앞에 서서 강연을 하는 것이 떨리고 두렵지 않으십니까? 처음에는 분명 떨렸을 거 같은데, 그런 두려움을 어떻게 없앴나요?"라고 묻는 사람들이 있다. 나는 나를 돌아보며 대답한다.

"제가 이 일을 10년 정도 하고 있어요. 처음에는 어렵고 두렵던 일이 오래 하니까, 연습이 많이 되었어요."

두려움을 극복하는 가장 좋은 방법은 이렇게 반복적으로 오래 그 일을 연습하는 것이다. 재미있게 방송을 진행하는 사람들을 보면 뜻밖의 상황에서도 적당한 애드리브로 대응한다. 그런 애드리브도 원래 말을 정말 잘하는 사람이기에 가능한 것처럼 보이지만, 사실 그것도 많이 연습하고 준비하고 반복적으로 리허설을 했기 때문에 가능한 것이다.

스스로 안 될 것 같아서 시도조차 하지 않은 일은 없는지 생각해 보자. 자신이 시도하지도 않고 포기한 것들 가운데 지금이라도 다시 시도할 가치가 있는 일이 있다면 그것부터 다시 도전해 보자.

★ Exercise ★

9개의 점을 연필을 떼지 않고 4개의 직선으로 한 번에 연결하는 방법은 다음과 같다.

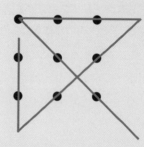

이 방법을 생각하며 다음의 16개의 점을 연필을 떼지 않고 6개의 직선으로 한 번에 연결해 보자.

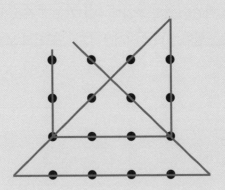

　16개의 점을 연결하는 문제로 생각해 풀려고 하면 매우 어렵다. 그러나 9개의 점을 연결하는 문제를 해결했던 경험을 바탕으로 생각하면 생각보다 쉽게 해결할 수 있다. 무엇이든 단계를 밟으면 어려운 일이 쉽게 해결된다.

03

직관을 따르며
행동의 속도를 높여라

다른 사람들의 목소리가 나의 목소리를 잠재
우게 하지 마세요. 가장 중요한 것은 용기를
가지고 나의 마음과 직관을 따르는 겁니다.
그밖의 것은 그다지 중요하지 않습니다.

— 스티브 잡스

　푸줏간 주인이 상한 식품을 슬쩍슬쩍 끼워 팔다가 고발됐다. 조
사가 시작됐고 그는 몇 년 동안 이런 일을 통해 부당 이득을 챙긴 것
으로 드러났다. 그래도 판사는 세 가지 처벌 중에서 한 가지를 선택할
수 있도록 배려를 했다. 첫 번째는 벌금으로 100냥을 내는 것이고, 두
번째는 곤장 50대를 맞는 것이고, 세 번째는 팔던 불량 식품을 자신이
먹는 벌이었다. 벌금을 내기는 아깝고 곤장을 맞는 것이 무서웠던 푸
줏간 주인은 결국 자신이 팔던 음식을 먹는 것을 선택했다.

　그러나 고기를 먹으면 먹을수록 점점 견디기가 힘들어졌다. '상한
음식 때문에 심각한 병에 걸리는 것은 아닌가' 하는 걱정이 눈덩이처
럼 커졌다. 그래서 그는 사정을 했다.

"도저히 못 먹겠습니다. 차라리 매를 맞겠습니다."

애써 벌어놓은 '피 같은' 돈을 벌금으로 내는 것은 여전히 아까웠던 것이다. 그러나 곤장을 10대쯤 맞자 '이렇게 맞다가는 죽을지도 모른다'는 생각이 들었다. 그는 겁이 덜컥 났다. 그는 눈물을 흘리며 말했다.

"저를 불쌍히 여기셔서 그만 때려주십시오. 차라리 제가 벌금을 내겠습니다."

이 이야기는 우왕좌왕하며 결정을 못 하는 것보다는 무엇이라도 하나를 선택하는 것이 더 효과적임을 말해주는 이야기다. 사람들이 우유부단해지는 이유는 두려움 때문이다. 우유부단한 사람은 결과에 대한 두려움이 크고 책임을 피하고 싶다는 생각을 먼저 하기 때문에 우유부단한 것이다. 우유부단한 성격을 고치기 위해서는 불확실함을 즐기며 결과에 책임을 진다는 마음가짐으로 다른 사람의 비난을 이겨내는 내성을 키울 필요가 있다.

우유부단한 성격을 신중함이라는 이름으로 변명하는 사람들이 있다. 하지만 신중함과 우유부단함은 다른 것이다. 시간을 더 많이 투자할수록 더 좋은 생각을 할 수 있다고 생각하는 것 또한 잘못이다.

지금은 정보가 부족한 시대가 아니라 정보가 너무 많아서 문제가 되는 시대다. 더 많은 시간을 들여 더 많은 정보를 수집하고 더 오래 분석하는 것이 효과적인 시대가 아니라 빠른 결정이 오히려 강력한 장점이 되는 시대다. 이런 정보의 홍수 시대에는 합리적인 분석보다 직관과 통찰력이 더 중요한 요소로 받아들여진다. 우유부단함이 인생의 큰 적이 될 수도 있다는 사실을 알아야 한다.

'괜찮아'와 '글쎄요'

일본의 소니는 세계 최고의 전자회사였다. 전 세계의 젊은이들이 소니의 카세트 플레이어를 들고 다니며 자부심을 드러냈다. 하지만 소니는 불확실성이 더욱더 커지기 시작한 2000년대에 들어서는 힘을 발휘하지 못하고 있다. 그 원인은, 치밀하고 합리적으로만 생각하는 그들의 태도 때문이었다. 소니는 전통적으로 분석을 통한 완벽한 결과를 바탕으로 시장에 대응했다. 하지만 그런 대응은 변화하는 속도를 따라가지 못했다.

반면에 한국의 삼성전자는 망설임 없는 과감한 결단으로 시장을 주도해 갔다. 삼성은 직관을 따르며 빠르게 시장에 대응했고 소비자들이 원하는 제품들을 공급하며 시장을 주도했다.

과거에 소니를 배우며 출발했던 삼성전자가 소니를 압도하는 순이익을 내고 있는 원인을 한국과 일본의 경영 스타일에서 찾는 사람들이 있다. 일본의 경영 스타일은 한마디로 '돌다리도 두드리며 건너는 것'이다. 이런 일본의 경영 스타일은 변화가 빠른 지금의 경영 환경에 부적합하다. 반대로 삼성전자는 리더십을 바탕으로 전략적인 직관을 발휘했기 때문에 시장을 주도할 수 있었다.

소니와 같은 일본 기업의 실패를 '치밀하고 완벽함을 추구하는 전략이 오히려 성장의 발목을 잡고 창의성을 죽이는 결과를 가져왔다'고 평가한다. 반면에, 리더십을 바탕으로 자신감을 갖고 준비된 직관을 발휘했던 것이 한국 기업의 성장을 가져온 것이다.

한국 경영과 일본 경영을 비교하며, '괜찮아' 경영과 '글쎄요' 경영의 차이로 표현하곤 한다. 한국은 '괜찮아' 경영을 하고, 일본은 '글쎄요(소데스네)' 경영을 한다는 것이다.

한국의 회사들은 오너인 경영자가 직관을 발휘하며 리스크를 안고 강력한 리더십을 발휘하며 빠른 의사 결정을 한다. 반면에 일본은 의견 조율에 많은 시간과 노력을 들인다. 신중하다는 것이 때로는 망설임이나 우유부단의 다른 이름이 되기도 한다. 그런 것들이 요즘같이 변화와 속도가 키워드인 시대에는 사업의 기회를 빼앗아 가버릴 때가 많다.

특히 불확실성이 큰 요즘의 경제 환경에서는 시간 제약과 능력 부족으로 완벽한 분석이 어려운데 더 완벽한 것만 추구하면서 시간을 지체하면 오히려 손해라는 것이다.

'글쎄요' 인생과 '괜찮아' 인생이 있다. 다른 사람이 의견을 제시하면 '글쎄요'라는 말을 먼저 하고 꼼꼼하게 따져보는 사람이 있고, 다른 사람의 제안을 항상 여유 있게 긍정하며 간혹 일이 생각처럼 진행되지 않거나 손해를 보더라도 '괜찮아'라는 말로 포용하는 사람이 있다.

물론 무조건 '괜찮아'도 안 되고, 모든 일은 괜찮은지 그렇지 않은지 따져봐야 한다. 합리적으로 생각하고 상황을 분석해야 한다. 하지만 중요한 것은 기본적인 마인드다. '글쎄요'가 기본이 아니라, 일단은 '괜찮아'가 기본이어야 한다. 그것이 더 많은 기회를 얻는 길이고, 창의적인 생산을 가능하게 하는 길이다.

특히 불확실한 세상에서 더 새로운 기회를 찾고 싶은 사람이라면 일단 자신의 마음을 여는 태도가 필요하다. 일의 성과를 떠나서 생각해도, '글쎄요'라고 말하는 사람보다는 '괜찮아'라고 말하는 사람을 만나고 싶은 건 누구나 마찬가지일 것이다.

신중함은 더 이상 미덕이 아니다

미국의 유명한 자동차 회사인 크라이슬러사에서 아이아코카가 회장으로 취임했을 때의 일화다. 그는 덮개가 없는 자동차인 '컨버터블 카'를 개발하기 위해서 기술책임자에게 모형을 제작하라고 지시했다. 그랬더니 기술책임자는 표준 운영 절차를 검토해 9개월 안에 신제품을 만들어보겠다고 답변했다. 표준 절차대로라면 9개월도 더 걸리겠지만 회장의 지시라서 최대한 단축하겠다고 한 답변이었다. 그때 아이아코카는 화를 벌컥 내며 이렇게 말했다.

"자네는 아직 내 말뜻을 못 알아듣는군. 당장 가서 차 한 대를 구해 가지고 윗부분을 쇠톱으로 잘라내란 말이야!"

결국 아이아코카는 그가 원하는 시제품을 즉시 갖게 되었다. 그는 직접 시내를 돌아다니면서 반응을 조사했다. 반응이 만족할 만한 수준이라고 판단한 그는 그 차의 생산을 지시했고, 큰 성과를 거두었다.

한동안은 빨리빨리 무엇인가를 생각하고 처리하는 것이 우리 사회의 문제점인 것처럼 인식되기도 했다. 하지만 지금은 그것이 우리의 고속 성장을 이룬 중요한 요인이었다는 것을 사람들은 인정한다. 특히 속도가 생명인 21세기의 환경에서는 생각의 속도를 높이고 행동의 속도를 높이는 것이 무엇보다 중요한 과제다.

'한 번의 선택이 10년을 좌우한다'라는 광고 카피를 기억한다. 가전제품 하나를 살 때도 선택을 고민하는데, 우리 앞에 놓인 숱한 선택에 신중할 수밖에 없다. 한 번의 선택으로 10년을 후회할 수도 있기 때문이다.

하지만 예전에 10년씩 사용하던 텔레비전이나 냉장고와 달리 요즘은 기껏해야 1~2년을 쓰는 전자 제품도 많다. 휴대전화·MP3·미니 노트북 등은 새로운 기능을 갖춘 최첨단 제품들이 계속 쏟아져 나오기 때문에 1~2년만 지나도 구식이 되어버린다. 개인들의 개성을 드러내주는 디자인도 빨리빨리 바뀌기 때문에 과거와 같이 한 번의 선택이 더 이상 10년을 좌우하지는 않는다. 이것이 사람들이 속도에 주목하는 이유다.

그렇다면 '신중하고 진지한 것'과 '가볍고 감각적인 것' 중에 창의성과 더 어울리는 것은 무엇일까? 신중하고 무거운 것보다는 가볍고 감각적인 것이 창의성에 더 가까운 느낌이 들 것이다.

이런 생각을 해보자. 한국 축구는 골 결정력이 낮다는 지적을 자주 받아왔다. 한국 축구 선수들의 골 결정력이 낮았던 이유를 다음 둘 중 하나에서 찾는다면 어느 쪽이 더 맞는 분석일까?

- 선수들이 신중하게 플레이하지 않기 때문에
- 선수들이 지나치게 신중하게 플레이하기 때문에

신중함은 현대 축구에서 미덕이 아니다. 생각의 속도가 경기 속도로 이어진다. 빠른 판단을 넘어 감각적인 판단만이 빠른 축구를 가능하게 한다. 신중하고 진지하게 공을 차려고 해서는 빠른 판단을 바탕으로 한 감각적인 플레이는 불가능하다. 주저하면 이미 때는 늦는다. 과거에 한국의 공격수들의 골 결정력이 약했던 이유도 빠른 경기 흐름 속에서 한 박자 빠른 판단에 익숙하지 않았기 때문이다. 이런 빠른 판단과 감각적인 플레이는 오랜 연습과 자신감 없이는 이뤄질 수 없다.

우리는 과거에 너무 진지하게 축구를 했다. 특히 국가대표 경기에서는 애국심을 발휘하며 축구를 하다 보니, 진지하고 신중한 플레이만 하게 됐고 창의적인 플레이가 나오지 않았던 것이다. 지나치게 신중하고 진지한 것이 즉흥적이고 감각적인 활동을 방해하기도 한다.

이것은 비단 축구만이 아니라 우리가 지금 하고 있는 일에도 그대로 적용된다. 업무를 지나치게 신중하게만 처리한다면 그것이 자신의 감각과 창의성을 발목 잡을 수도 있다.

사람들은 장고 끝에 악수를 둘 수 있다는 충고를 한다. 그런데 어떻게 보면, 장고를 하다 악수를 두게 되는 것이 아니다. 장고를 하고 있다는 것 자체가 악수인 셈이다. 신중함보다 더 중요한 것이 속도·직관·감각이다. 신중하면서도 자신을 믿으며 용기를 갖고 자기 마음과 직관이 하는 말을 듣고 따르는 것이 중요하다. 신중함이 그보다 더 중요한 것들을 가로막지 못하게 해야 한다.

 ## 전략적 직관을 발휘하라

한편 직관에 따른다며 무턱대고 행동하다 보면 큰 낭패를 당할 수도 있다. 그러면 직관은 어떻게 제대로 발휘할 수 있는 것일까? 여기에도 충분한 연습과 경험이 필요하다.

예를 들면 우리가 테니스를 배울 때 분명 손목과 팔꿈치·무릎·발·허리 등 각각의 자세와 라켓을 휘두르는 방법을 상세하게 배운다. 하지만 그렇게 배운다고 해도 우리가 정말로 노력하지 않으면 실제로 테니스를 칠 수 없다. 상대방이 친 공을 받아치기 위해서는 끊임없는 노력해야 한다.

처음에는 상대방이 친 공이 어디로 날아오는지, 어떤 자세를 취해야 하는지 의식적으로 생각하게 되지만 그 과정이 반복되면 그러한 사고 과정을 거치지 않아도 공을 받아낼 수 있게 된다.

영어를 배울 때도 마찬가지다. 처음에는 단어를 듣고 의미를 파악하고 문장의 논리적 구조를 생각하며 영어를 사용하지만, 좀더 익숙해지면 논리적인 생각이나 분석 없이도 자신도 모르게 영어를 말하게 된다.

영어로 즉각적인 반응을 보이며 대화하게 되는 것처럼 창의력을 발휘하는 것도 비슷하다. 개그맨이나 유명 MC들은 즉흥적인 애드리브나 순간적인 재치를 발휘하여 남을 웃기거나 분위기를 끌어간다. 사회를 보는 것도, 의도적이고 논리적인 생각의 과정에서 발휘되는 것이 아니라 그런 준비 과정 속에서 무의식적으로 자신의 몸에 내재되어 있던 것이 발휘되는 것이다.

창의력도 마찬가지다. 보기에는 즉흥적으로 판단하는 것처럼 보이지만, 준비와 학습을 통해 마련되었던 직관을 발휘하는 것이다. 여기에서 중요한 것은 자신의 직관 능력을 키우기 위한 노력이고, 또한 자신의 직관을 믿는 용기다.

다음 그림처럼 동전 두 개를 놓는다. 왼쪽 동전을 고정시키고 오른쪽 동전을
고정된 동전의 가장자리에 맞닿게 굴린다.

동전이 움직여서 물음표 자리에 왔을 때, 그 백 원짜리 동전은 어느 방향을 향
하고 있을까?

→ 이 문제는 머릿속으로만 생각해서 답을 만들어야 한다. 한마디로 직관을 발
휘해야 한다. 이럴 때에는 특정한 점을 관찰하면서 문제를 해결할 수 있다. 먼저
머릿속에 다음과 같이 A라는 점을 찍어보자.

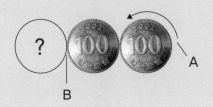

만약 오른쪽 동전을 왼쪽의 고정된 동전을 따라 움직이면 A점은 왼쪽의 B점에
가 있을 것이다. 따라서 우리는 중간의 움직이는 과정을 생각하지 말고, 최종 상
황으로 A점이 B점에 가도록 동전을 옮기면 된다. 이렇게 생각하면 동전이 처음
과 같은 모양으로 있게 된다는 것을 알 수 있다.

논리의 틀을 깨라

4

01

논리는 자신의 결론을
포장할 뿐이다

세상에는 두 종류의 사람이 있다. 모든 것을
둘로 나누는 사람과 그렇지 않은 사람이다.
— 케네스 볼딩

어떤 과학자가 거미에 관한 실험을 했다. 그는 거미를 책상 위에
올려놓고 사람들이 보는 앞에서 소리쳤다.

"뛰어! 뛰어!"

그랬더니 거미가 뛰기 시작했다. 잠시 후 그는 거미의 다리를 부러
뜨렸다. 그러고는 다시 거미에게 소리쳤다.

"뛰어! 뛰어!"

처음과 달리 다리가 부러진 거미는 꼼짝하지 않았다. 실험이 끝나
고 나서 과학자는 실험의 결론을 내렸다.

"거미의 귀는 다리에 있다."

'거미의 귀는 다리에 있다'라는 결론을 내린 과학자는 아주 특별한 사람이 아닌, 바로 우리 자신의 모습이다. 그렇게 잘못된 결론에 도달하는 이유는 논리가 부족해서가 아니다. 논리적인 생각이나 철저한 분석 또는 합리적인 사고의 과정을 완벽하게 거치더라도 자신이 미리 마음속에 정해놓은 결론을 중심으로 생각할 때는 이 같은 엉뚱한 결론에 도달하게 되는 것이다.

사람들 대부분은 논리를 자신이 미리 내려놓은 결론을 포장하는 포장지로만 사용한다. 포장지 속의 중요한 알맹이는 논리가 아닌 직관이나 느낌으로 된 것인 경우가 많다. 포장지는 선물을 더 멋져 보이게 만들 수는 있겠지만 선물의 내용까지 바꿀 수는 없다.

우리의 생각은 논리나 분석보다 오히려 직관이나 느낌에 더 강한 영향을 받는다. 객관적인 데이터로 분석하고 모두 논리적으로 생각한다 해도 사람들은 서로 다른 결론을 내린다. 사람들이 그렇게 다른 결론을 내리는 이유는 논리가 부족해서가 아니다. 느낌이나 직관이 다르기 때문이다. 자신이 원하는 정보만을 수집하고 자신이 원하는 사실만을 적용하기 때문이다. 그래서 같은 출발점에서 시작해서 논리적인 절차를 거친 사람들이 저마다 다른 결론에 도달하는 것이다.

논리나 분석이 필요한 상황이 있고 느낌과 직관을 발휘해야 할 상황이 있다. 먼저 다음 두 질문을 비교해 보고, 해결해 보자.

- 각각 'E, K, 4, 7'이라고 쓰인 4장의 카드가 있다. 이 카드들은 한쪽 면에는 알파벳이, 반대쪽에는 숫자가 씌어 있다. 이 카드들이 '만약 한쪽이 모음이면 반대쪽은 짝수가 씌어 있다'는 규칙을 모두 만족하는지를 알아

보려면 최소한 몇 장의 카드를 뒤집어보아야 할까? 그 카드는 어떤 카드일까?

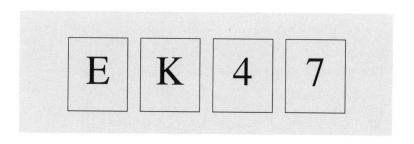

• 거짓말에 관한 짧은 이야기를 만들어보자.

첫 번째 질문에 정확하게 대답하는 사람이 10퍼센트도 안 된다는 통계를 본 적이 있다. 이 문제는 그저 논리적으로만 생각하면 된다. 주어진 조건에서 몇 가지만 차근차근 따져보면 어렵지 않게 이해할 수 있는 문제다.

이 질문은 '모음 → 짝수'와 '홀수 → 자음'이 같은 것이라는 사실을 이용해야 한다. 논리학에 나오는 대우의 개념을 이용하는 것이다. 즉, 모음인 E의 뒷면이 짝수인지를 확인해야 하고, 홀수인 7의 뒷면이 자음인지를 확인하면 된다. 자음 뒷면이 짝수이면 안 된다거나, 짝수 뒷면이 자음이면 안 된다는 조건은 없는 것이다. 따라서 E와 7이 적힌 카드만 뒤집어서 확인하면 된다.

한편, 두 번째 질문은 주어진 상황에서 논리적이기보다는 먼저 생각을 자유롭게 펼치며 상황을 설정해야 한다. 정해진 것이 없기 때문이다. 설정된 상황에 따라 논리적인 절차를 밟으면 다양한 이야기가 만들어진다.

우리가 현실에서 맞닥뜨리는 문제들은 대부분 첫 번째보다는 두 번째를 닮았다. 논리적인 생각이 필요하지만, 논리를 펴기 이전에 직감이나 느낌을 발휘해야 한다.

좌뇌형 인간과 우뇌형 인간

생각에도 종류가 있다. 생각의 종류를 몇 가지로 나눠보면 논리와 직관, 이성과 감성, 분석과 통합, 추상적인 생각과 구체적인 생각 등으로 나눌 수 있다. 이런 분류는 사람들이 느끼는 어떤 특정한 기준에 의해 나눈 것인데, 그것을 좌뇌와 우뇌로 설명할 수 있다. 사람의 두뇌는 좌뇌와 우뇌로 나뉘어 있고 서로 다른 일을 한다.

노란색

위의 단어를 보고 무슨 색이냐고 질문을 해보자. 생각할 틈도 주지 말고 빨리 대답하도록 유도해 보자. 당신은 어떻게 대답을 했는가? 만약 '노란색'이라고 대답했다면, 좌뇌 영역이 강한 사람이다. 반면, '빨간색'이라고 대답한 사람은 우뇌 영역이 강한 사람이다.

좌뇌 영역은 주로 숫자·단어·부분·순차적인 것에 관련되어 있으며, 우뇌 영역은 대개 그림·패턴·전체·통합적인 것에 관련되어 있다. 그래서 단어가 더 강하게 눈에 들어와 노란색이라고 대답하는 사람은 좌뇌적인 사람이고, 색이 눈에 먼저 들어와 빨간색이라고 대답하는 사람은 우뇌적인 사람이라고 할 수 있다.

두뇌의 특징 중 주목해야 할 부분은 바로 불균형이다. 우리 신체 대부분의 기관은 두 개로 쌍을 이루고 있는데 오른손잡이와 왼손잡이가 있는 것처럼 둘 중 하나를 더 선호하여 많이 사용한다. 발·눈·귀 그리고 신체의 내부 기관도 마찬가지다. 두뇌도 그렇다. 두뇌도 좌뇌와 우뇌로 이루어져 있고, 사람들마다 둘 중 하나를 더 많이 사용한다.

좌뇌와 우뇌의 특징을 간단하게 정리하면 아래와 같다.

좌뇌	우뇌
단어	그림
분석	직관
순차적 처리	통합적 처리
현실적	이상적
계획적	충동적
시간	공간
이성	감성
부분에 관심을 가짐	전체에 관심을 가짐
구체적	일반적
나무를 본다	숲을 본다

좌뇌가 발달한 사람은 나무를 잘 본다. 현실적이고 분석적으로 사물을 관찰하고 일의 계획을 잘 세우며 일을 체계적으로 하나하나 처리한다. 우뇌가 발달한 사람은 나무보다는 숲을 본다. 그들은 직관적이고 전체적으로 사물을 관찰한다. 큰 시야로 사물을 보고 일이 돌아

가는 전체 그림을 그리길 좋아한다. 일을 구체적으로 하나하나 처리하기보다는 전체적으로 보면서 통합적으로 여러 가지를 동시에 처리하려고 한다.

좌뇌와 우뇌의 차이를 앞에서처럼 구조적이고 체계적으로 설명하는 것은 좌뇌적인 방법이다. 같은 설명이라도 아래와 같이 그림으로 직관적·감각적으로 표현하는 것은 우뇌적인 방법이라고 할 수 있다.

좌뇌는 직선적이며 논리적이고 언어에 기초를 둔 사고를 한다. 또한 명료하고 순차적이며 논리적인 사고를 좋아한다. 역설과 모호한 것을 가급적 없애고 명확하게 한다. 분석하고 추상화하고 계산하고 계획하는 역할을 하며, 논리에 기초를 둔 이성적이고 합리적인 말을 주로 하게 한다.

반면에 우뇌는 시각적이고 공간적이며 지각적인 정보를 선호한다. 일의 처리는 비직선적이고 비순차적으로, 한 번에 전체의 사물을 보

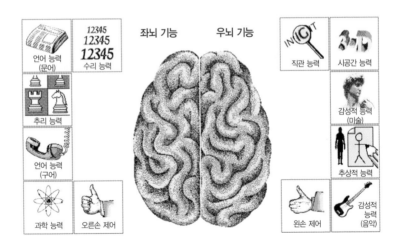

고 정보를 즉각적으로 처리한다. 우뇌는 또한 마음의 눈에 존재하는 상상의 방법으로 사물을 보게 하는데, 실제로 보이는 사물을 다시 한 번 생각할 수 있는 기회를 제공해 준다. 그래서 실체가 공간에서 어떻게 이루어져 있고 각 부분이 어떻게 전체를 이루는지를 볼 수 있게 한다.

세상에는 두 종류의 사람이 있다고 한다. 하나는 바빌로니아인이고 또다른 하나는 그리스인이다. 이것은 서로 다른 성향의 고대 철학을 상징적으로 비유한 말로서, 직관적이고 즉흥적인 것을 좋아하는 사람을 바빌로니아인으로, 체계적이고 논리적으로 문제에 접근하는 사람을 그리스인으로 표현한 것이다.

서양의 최초 문명은 바빌로니아인이 만들어냈다. 그들은 숫자와 방정식을 이해했고, 기하학에 대한 이해도가 높았다. 하지만 그들은 자신들의 문제 해결 방법을 체계화하거나 정리하지 않았다. 반면에 그리스인은 자신들이 경험했던 구체적인 현상 그 밑에 깔린 질서를 찾으면서 더 큰 논리를 구성하려 했다.

그 결과 찬란한 문명을 이루었던 바빌로니아인들의 생각은 그리스인들에게 영향만을 주었고, 탈레스·피타고라스·유클리드 등 우리가 현재 배우는 철학과 수학을 직접적으로 정리한 것은 그리스인들이다. 그리스인과 바빌로니아인은 각각 좌뇌형 인간과 우뇌형 인간을 상징한다.

우리나라의 대표적인 기업인 삼성과 현대도 좌뇌적인 스타일과 우뇌적인 스타일을 보여준다. 삼성그룹의 창업자 이병철 회장은 철저하게 준비하고 계획적으로 사업을 이끌었던 것으로 유명하다. 반면에 현대그룹의 창업자 정주영 회장은 '일단 한번 해보자'는 적극적인 생각과 도전 정신으로 잘 알려졌다.

세계적인 스타 CEO인 1955년 동갑내기 빌 게이츠와 스티브 잡스를 비교해 보면, 빌 게이츠는 철저히 좌뇌적인 사람이고 스티브 잡스는 철저하게 우뇌적인 사람이다. 마이크로소프트에서 만드는 소프트웨어들은 우리 일상생활에 꼭 필요한 제품이다. 마이크로소프트는 기본적으로 기능적이고 업무에 필요한 제품을 만든다. 반대로, 스티브 잡스의 애플에서는 감각적인 디자인과 사람들의 감성을 충족시키는 제품을 만든다.

 논리와 직관, 좌뇌와 우뇌가
함께 만드는 창의력

농구 선수는 양손을 모두 잘 사용해야 창의적인 플레이를 할 수 있다. 선수가 오른손잡이든 왼손잡이든, 기본적으로 양손을 능숙하게 잘 사용해야만 한다. 축구 선수도 두 발을 모두 잘 사용해야 창의적인 플레이를 할 수 있다. 마찬가지로 우리는 좌뇌와 우뇌 모두를 잘 사용해야 창의력을 발휘할 수 있다.

다음의 '말없는 증명(Proof without words)'을 보자. 복잡한 수식을 그림 한 장으로 아무 말 없이 증명하고 있다. 사각형을 '1'로 보면 굳이 계산하지 않아도 아래 수식의 합을 알 수 있다. 좌뇌＋우뇌, 논리＋직관이 만드는 창의력을 보여준다.

$$\frac{1}{2} + \frac{1}{4} + \frac{1}{8} + \frac{1}{16} + \cdots = 1$$

증명.

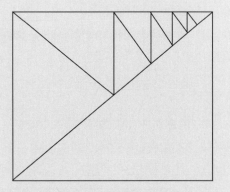

Q. E. D

지금 당신이 하고 있는 일이 당신과 잘 맞지 않는다고 생각한다면 먼저 자신의 성향이 우뇌형인지 좌뇌형인지 파악해 보자. 그 다음 자신이 하는 일이 좌뇌적인 성향을 필요로 하는지, 우뇌적인 성향을 필요로 하는지도 파악해 보자. 하는 일을 구체적으로 세분화하면 할수록 성향을 파악하기 쉽다. 자신의 성향과 일에서 요구하는 성향이 다르다면, 자신이 어떤 부분을 계발해야 할지 알 수 있다.

남자 두 명이 술집에서 술을 마시고 있다. 그 술집에 여자가 두 명이 들어왔다. 그녀들을 보고 한 남자가 말했다.

"내 아내와 딸이 왔군! 나는 가봐야겠어."

그 친구의 말에 같이 술을 마시던 친구도 그녀들을 보고 말했다.

"내 아내와 딸이 왔군!"

어떻게 두 남자에게 두 여자는 동시에 아내이며 딸이 되는 걸까?

→ 두 남자가 모두 이혼을 하고 다시 결혼을 한 사람들인데, 그들은 서로의 딸과 결혼을 한 것이다. 이것이 설명의 전부다. 그러나 이런 설명으로 답을 이해하는 것은 매우 어렵다. 이런 문제의 답은 간단하나마 그림을 그려보면 좀더 잘 이해할 수 있다. 그림이 우리의 이해력을 높인다는 사실을 이 문제의 답을 통해서도 확인할 수 있다.

부녀 관계 : 남자 A — 여자 A, 남자 B — 여자 B
결혼 관계 : 남자 A — 여자 B, 남자 B — 여자 A

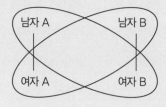

02

냉탕과 온탕을
왔다갔다하라

지혜의 문은 결코 닫혀 있지 않다.
— 벤저민 프랭클린

어떤 이슈나 문제에 대한 아이디어를 생각해 낼 때 아이디어를 바로 찾아야겠다는 식의 접근 방법보다는 이런저런 생각을 다양하게 모아보는 것이 효과적이다. 생각을 좀더 넓히고 이것저것을 고려하면서 필요한 아이디어를 선택하겠다는 접근 방법이 더 좋은 아이디어를 만든다. 이 과정은 생각의 확산과 수렴으로 표현할 수 있다.

생각을 자유롭게 확산시켰다가 자신이 원하는 상황에 맞게 아이디어를 구체적으로 수렴하는 과정은 다음과 같은 그림으로 표현할 수 있다. 이 그림이 다이아몬드 형태를 닮았다고 하여 '다이아몬드 사고법'이라고 한다. 한 번은 생각을 자유롭고 넓게 펼치고, 한 번은 펼친 그 생각을 자신이 고민하는 이슈에 초점을 맞춰서 수렴하는 것이다.

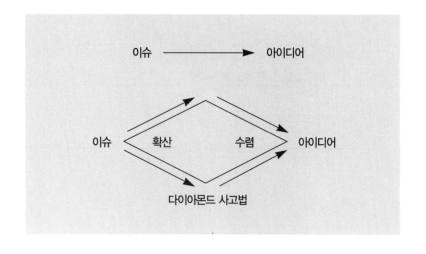

다이아몬드 사고법을 실제로 잘 적용하기 위해서는 시간을 정해놓고 한 번은 유연하게 생각을 확산하고, 또 한 번은 냉철하게 생각을 수렴하는 과정을 나눠서 하는 것이 필요하다. 이때 중요한 것은 생각을 확산할 때는 100퍼센트 유연하게만 생각하고, 생각을 수렴할 때에는 100퍼센트 냉철하게만 생각해야 한다.

유연한 생각이란 느낌이나 대략적인 생각, 우연히 떠오르는 아이디어, 또는 무책임하게 내뱉는 말 등을 모두 포함한다. 이렇게 유연한 생각을 할 때는 현실적이고 합리적인 것을 따질 필요가 없다. 논리적인 상관관계를 바탕으로 이야기할 필요도 없다.

유연하게 생각을 확산한 후에 냉철하게 생각을 수렴하는 과정에서 합리적이고 현실적인 방법을 고려할 것이기 때문에 이 단계에서는 자유롭게 생각을 넓게 펼치는 것만이 중요하다. 마치 예술가가 예술 작품을 만들 듯이, 또는 어린아이가 세상물정 모르고 상상하듯이 하는 것이다.

냉철한 생각이란 엄밀하고 정확하게 현실적인 것을 고려하고 논리적이고 분석적으로 생각하는 것이다. 구체적으로 실행했을 때의 결과도 계산해야 한다. 냉철한 생각을 할 때는 더 이상의 새로운 아이디어를 찾지 말고, 이미 생각해 낸 아이디어에 국한하는 것이 좋다. 그것들의 현실성과 합리성 또는 효율성 등을 따져야 한다. 주어진 상황에서 현실적으로 업무를 진행하기 위해서는 무한정 생각을 확산하고만 있을 수는 없기 때문이다. 마치 판사가 엄격하게 재판을 하듯이 생각을 정리하고 책임감 있게 판단해 결정해야 한다.

한 번은 유연한 생각만 또 한 번은 냉철한 생각만

다이아몬드 사고법을 다르게 표현하면 2단계 사고법이라고도 부를 수 있다. 자신이 고민하는 문제에 대해, 유연한 생각과 냉철한 생각이라는 2단계로 한 번에 한 가지 방법으로만 생각해 보는 것이다. 비유하자면, 목욕탕에서 뜨거운 물과 차가운 물에 한 번씩 들어갔다가 나오는 것처럼 한 번은 유연한 생각만 하고, 또 한 번은 냉철한 생각만 하는 것이다. 이렇게 시간을 나눠놓고 생각하면 정리가 더 잘되고, 때로는 좋은 아이디어가 튀어나오기도 한다.

예를 들어 어떤 문제에 대한 아이디어가 필요하다면 10분은 모든 가능성을 열어놓고 유연하게, 어떤 제약도 없이 아주 자유분방하게 생각을 해보는 것이다. 그렇게 10분을 생각했다면, 다시 10분을 정해놓고 이번에는 아주 냉철하게 논리적이면서도 비판적으로 생각하는 시간을 가져보라. 유연한 생각과 냉철한 생각을 이렇게 나눠서 한 번씩 해보는 것은 새로운 아이디어를 만들고 그것을 현실적으로 적용하는 데에 매우 효과적이다.

2단계 사고를 반복하는 것도 효과적이다. 예를 들면, 유연한 생각을 한 뒤에 냉철한 생각을 하고, 다시 유연한 생각을 한 뒤에 냉철한 생각을 하는 식이다. 2단계 사고를 할 때는 유연한 생각과 냉철한 생각의 순서는 가급적 바꾸지 않는 것이 좋다. 즉, 유연한 생각을 먼저 한 다음에 냉철한 생각을 해야 효과적이다.

이런 순서를 권하는 이유는, 일반적으로 냉철한 생각을 한 뒤에 곧바로 사고를 유연하게 바꾸기가 어렵기 때문이다. 따라서 유연한 생각을 하고 난 뒤에 냉철한 생각을 하는 것이 가장 바람직하고, 냉철한 생각을 한 뒤에는 약간의 시간 간격을 두고 다시 유연한 생각을 해야 효과적이다.

 ## 물음표를 던지고 느낌표를 만들어라

일반적으로 창의적인 생각은 물음표(?)에서 시작해서 느낌표(!)로 완성된다. 어떤 문제에 대해 다양한 물음표를 던지며 그것을 어떤 느낌표로 연결할 수 있다면 거기에는 획기적인 아이디어가 있는 것이다.

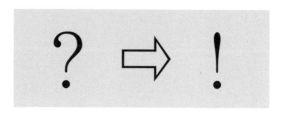

그래서 창의력이 만들어지는 과정을 다음과 같이 표시해도 좋겠다.

물음표는 상상하는 것, 이것저것에 호기심을 갖는 것이다. '이런 것은 어떨까?', '왜 꼭 그래야만 하지?'와 같은 물음표를 던지는 것이다. 물음표로 시작하여 어떤 답을 찾은 것이 느낌표다. 느낌표는 우리를 감동시키고 즐거움을 준다. 느낌표가 만들어지는 것으로 창조가 완성된다. 그런데 이런 물음표와 느낌표를 동시에 표현하는 단어가 있다. 바로 인터러뱅(interrobang)이라는 단어다. 질문과 감동이 공존하는 역설적이며 매우 놀라운 기호가 바로 인터러뱅이다.

인터러뱅은 수사학적 질문을 의미하는 라틴어 'INTEROgatio'와 감탄을 의미하는 은어인 'BANG'을 합친 말로, 물음표와 느낌표가 하나로 표시되는 모양을 일컫는다. 1962년 미국의 광고대행사 사장인 마틴 스펙터가 만든 새로운 개념의 문장부호다. 아래의 그림이 바로 인터러뱅 기호이다.

인터러뱅은 사람들이 당연하다고 받아들이는 것들에 질문을 던지며, 새로운 시각으로 창의적인 결과를 만들어가는 과정을 함축적으로 표현한다. 무엇이든 물음표를 떠올리고 그 물음표를 해결하는 느낌표를 찾는 것이 바로 인터러뱅이다.

예를 들어 나무에서 떨어지는 사과를 보고 당연하다고 생각하는 것이 아니라, '사과는 왜 땅으로 떨어지는 거지?'와 같은 질문을 던지는 것이다. 그 물음표에 해당하는 느낌표를 만든 뉴턴은 만유인력의 법칙을 발견했다.

우리 주변에는 뉴턴과 같이 자신이 던진 물음표를 느낌표로 만들며 성공한 사례가 많다.

광동제약은 '비타민을 더 많이 팔기 위해서는 어떻게 하면 좋을까?' 고민하고 있었다. 그러다가 '왜 꼭 비타민을 가루나 알약 형태로만 먹어야 하지? 다른 방법으로 비타민을 먹을 수는 없을까?'라는 물음표를 던졌다. 그리고 자신들이 던진 물음표에 드링크 제품으로 '마시는 비타민'이라는 느낌표를 만들었다. 편하게 마실 수 있는 '비타500'은 청량감도 있고 몸에도 좋은 '마시는 비타민'으로 인식되며 크게 히트했다. 드링크 시장에서 부동의 1위인 박카스를 제치고 판매 1위를 차지하기도 했다. 특별한 것을 만드는 방법은 이렇게 사소한 물음표를 던지고 그것에 대한 느낌표를 만드는 데서 나온다.

자기가 일하는 분야에서도 다양한 물음표를 던질 수 있을 것이다. '겉옷과 같은 속옷이 있으면 어떨까?', '분유를 아기와 함께 엄마가 먹으면 어떨까?', '화장품을 꼭 발라야 하나? 그냥 편하게 먹는 화장품은 안 될까?', '치아 건강에 좋은 껌은 없을까?' 그들은 자신들이 던진 물음표에 오늘도 새로운 느낌표를 만들고 있다.

우리도 물음표를 던져보자. '왜 이렇게 해야 하지?', '꼭 그렇게 해야 하나?' 그리고 자신이 던진 물음표에 느낌표를 만들어보자.

인터러뱅 속에 숨어 있는 창조 법칙을 정리하면 다음과 같다.

- 무엇이든 물음표를 던져라.

・물음표를 해결하는 느낌표를 찾아라.

동료들과 아이디어 회의를 한다면 회의실 칠판에 '다이아몬드'를 그려놓고 회의를 시작해 보자. 또는 '? → !'와 같은 것을 그려놓고 회의를 하는 것도 좋은 방법이다.

다이아몬드 사고의 앞부분에는 '생각의 확산'이라고 쓰고, '비이성·비합리·무책임·그냥' 등의 단어를 덧붙여 써놓음으로 사람들의 분위기를 끌어올리는 것도 좋은 방법이다. 다이아몬드 사고의 뒷부분에는 '생각의 수렴'이라고 쓰고, '현실적·구체적·실용적' 등의 단어를 같이 써놓아도 좋다.

그리고 일정한 시간을 정해놓고 목욕탕에서 뜨거운 물과 차가운 물을 번갈아 오가듯, 다이아몬드 사고법으로 회의를 하면서, 처음에는 기대하지 못했던 획기적인 아이디어를 발견해 보자.

★ Exercise ★

정확히 한 시간 동안 불에 타는 밧줄이 있다. 그러나 밧줄은 일정하게 타는 것은 아니다. 어떤 부분에서는 빨리 타고 어떤 부분에서는 늦게 탄다. 그래도 정확히 1시간 동안에 모두 탄다. 그럼 어떻게 하면 두 개의 밧줄로 45분을 잴 수 있을까?

→ 이 문제를 해결하는 아이디어는, 우선 밧줄의 양끝에 불을 붙이는 것이다. 불규칙하게 타지만 밧줄을 처음부터 끝까지 모두 태우는 데에 정확히 1시간이 걸린다고 했다. 따라서 밧줄의 양끝에 불을 붙이면 이 밧줄은 정확히 30분 동안 모두 탄다고 볼 수 있다. 이렇게 아이디어를 찾을 때는 생각을 확산해야 한다. 그리고 아이디어를 찾았다면 주어진 상황에 맞게 생각을 수렴하며 문제를 해결하면 된다. 해결 방법은 이렇다.

- 시작 : 밧줄 두 개 중 하나는 양쪽 끝에 모두 불을 붙이고 하나는 한쪽 끝에만 붙인다.
- 30분 경과 : 양쪽 끝에 불을 붙인 밧줄이 모두 타면 30분이 경과된 상태다. 나머지 하나의 밧줄은 앞으로 30분 동안 모두 탈 정도의 밧줄만 남게 된다.
- 45분 경과 : 이렇게 30분이 경과되는 시점에 한쪽에만 불을 붙인 밧줄의 다른 한쪽에 불을 붙이면, 15분 후 이 밧줄은 모두 타게 된다. 남은 밧줄이 모두 타면 45분이 경과한 것이다.

03

좀더 다양한
물음표를 던져라

> 좋은 생각을 얻는 최상의 방법은
> 여러 가지 생각을 하는 것이다.
>
> — 라이너스 폴링

미국 샌디에이고에 있는 한 호텔은 엘리베이터가 부족하여 매우 혼잡하고 불편했다. 호텔 운영자들은 엘리베이터 전문가들을 불렀다. 설계와 시공을 하는 기술자들은 각 층의 마루를 뚫고 지하실에 새로운 작동실을 설치한 후 엘리베이터를 추가로 설치해야 한다는 결론을 내렸다.

호텔 운영자들은 그 작업이 너무 힘들고 시간도 많이 걸리는 작업이었기에 선뜻 결정을 하지 못하고 있었다. 설계사와 기술자들은 당분간 호텔 문을 닫고 영업을 중지하더라도 더 좋은 서비스를 제공하는 것이 장기적으로 호텔에 도움이 될 것이라며 경영진을 설득했다.

그들의 이야기를 지나치며 듣고 있던 청소부 아주머니가 웃으며 말했다.

"건물 밖에 엘리베이터를 설치할 수 있으면 좋으련만……."

무심코 지나치며 말했던 청소부 아주머니의 말에 경영진들은 서로 얼굴을 번갈아 쳐다봤다. 그들은 청소부 아주머니의 말을 소홀히 듣지 않고 전문가들에게 건물 밖으로 엘리베이터를 설치할 수 있을지 타당성을 검토하게 했고, 결국 건물 밖에 엘리베이터를 설치했다.

유연한 생각이 주는 다양한 기회

유연한 사고는 매우 중요하다. 특히 점점 더 다양해지고 복잡해지는 시대에 유연하게 생각하는 것은 우리의 삶을 즐겁고 행복하게 이끌어준다. 또한 새로운 기회를 만들고 성공하기 위해서도 필수적이다. 유연하게 생각하지 못해 기회를 놓쳐버린 사람의 이야기 하나를 소개한다.

돈 쿠퍼라는 외과의사가 있었다. 1950년 어느 날 그가 인턴으로 일하고 있는 병원으로 통증을 호소하는 남자가 찾아왔다. 신입 의사였던 쿠퍼는 친절하게 그를 진찰하려고 했으나, 남자는 이유 없이 버럭화를 내면서 진찰에 비협조적이었다.

쿠퍼는 정신과 환자라고 판단해서 정신과에 의뢰했고, 정신과 의사는 환자에게 안정제를 주사하고 정신과 병동으로 옮기라고 지시했다. 환자는 쿠퍼가 애송이라며 점점 더 비협조적이었고, 화를 내는 그 환자와 실랑이를 벌이던 끝에 쿠퍼는 그 환자에게 간신히 정맥주사를 놓았다. 안정제는 한꺼번에 주사하면 치명적일 수도 있기 때문에 아주 조심해서 천천히 주사해야 했다. 하지만 환자가 갑자기 주사를 거부하며 난폭해졌는데 쿠퍼는 환자와 엎치락뒤치락 몸싸움을 하게 됐다. 그러다 그만 쿠퍼는 안정제를 한꺼번에 주사해 버렸다. 환자는 몸을 부르르 떨다 그 자리에서 죽고 말았다.

쿠퍼는 공포에 질렸다. 환자의 가슴에 귀를 갖다 대어보았지만, 아무런 소리도 들을 수 없었다. 심장 박동이 전혀 없었다. 어려운 공부를 끝내고 이제 막 의사가 됐는데, 자기가 맡은 첫 환자 중 하나가 죽어버린 것이다.

쿠퍼는 죽은 채 누워 있는 환자를 보니 감정이 마구 북받쳤다. 환자를 죽였으니 의사로서의 경력도 이제 끝이었다. 죽은 환자에 대한 죄의식보다는 꽃도 피워보지 못한 자신의 인생이 암담하게 눈앞에 어른거렸다. 절망과 분노가 치밀었다. 쿠퍼는 자신도 모르게 주먹을 불끈 쥐고, 누워 있는 남자의 멈춰버린 심장 바로 위를 마구 쳤다. 왜 하필 자기에게 와서 자신의 인생을 이렇게 망쳐버린 거냐며 원망했다.

그런데 갑자기, 죽었던 남자가 기침을 하며 살아났다. 쿠퍼가 몇 대 내려친 주먹에 죽은 사람이 살아난 것이다. 혼비백산한 쿠퍼는 다시 한 번 남자의 가슴에 귀를 갖다 대보았다. 분명 심장 박동이 들렸다. 환자는 별 탈 없이 깨어났다. 쿠퍼는 환자를 다른 의사에게 보냈고, 환자는 진찰을 받고 무사히 걸어서 병원을 나갔다.

쿠퍼는 이 사실을 아무에게도 말하지 않았다. 자신의 경력에 치명적인 오점이 될 수도 있었기 때문이다. 하지만 그 후 10년쯤 지난 어느 날 의학 세미나에서 한 의사가 자신과 비슷한 경험을 이야기하며 '심폐소생술(CPR)'을 발표하는 것을 듣게 되었다. 심폐소생술은 응급 상황에서 표준적인 치료법으로 자리 잡았고, 당연히 그것을 발표한 의사는 큰 명예와 돈을 얻었다.

쿠퍼는 다른 사람들의 비판이 두려웠던 나머지, 자신이 겪었던 일에 물음표를 던지지 않았다. 만약 그가 자신의 경험에 물음표를 던지며 다른 의사들과 같이 이야기했더라면 훨씬 더 먼저 심폐소생술을 발견할 수 있었을 것이다. 하지만 그는 유연하게 생각하지 못하고 자기 틀에 갇혀 기회를 놓치고 그저 평범한 의사에 머물렀다.

 ## 뜨거운 물에 들어가기

우리는 냉철한 생각보다 유연한 생각에 더 관심을 기울여야 한다. 왜냐하면 대부분의 사람들은 냉철한 생각에는 익숙해도 유연한 생각을 하는 것에는 서투르기 때문이다. 획기적인 아이디어의 출발은 유연하게 생각하는 단계, 자유롭게 생각하는 데에서 시작된다.

때로는 획기적인 아이디어를 만들기 위해, 의도적으로 비이성적이고 비합리적인 이야기들을 무책임하게 내뱉을 필요도 있다. 그런 시간을 갖는 것을 비유적으로 뜨거운 물에 들어간다고 표현한 것이다.

새로운 것은 익숙한 것이 아니기 때문에 처음에는 저항에 부딪히게 된다. 사람들은 익숙한 것이 아닌 것에는 거부감을 느껴서 누군가 새로운 아이디어를 내면 먼저 비판을 한다. 그런 비판을 제도적으로 없애면서 새로움을 만드는 생각의 기술이 바로 다이아몬드 사고법이고, 2단계 사고법이다.

이것은 브레인스토밍과도 유사하다. 아이디어 발상 기법인 브레인스토밍을 할 때 첫 번째 조건이 바로 '비판 금지'다. 우리 인간의 두뇌는 기존에 인식했던 어떤 패턴을 중심으로 효율적으로 움직인다. 두뇌는 어떤 생각의 틀을 형성하며 활동한다. 그래서 누군가가 그런 기존의 패턴이나 틀을 벗어나면 자연스럽게 비판이 따르는 것이다. 그런 비판에서 자유로워야 패턴을 깨거나 틀을 벗어나는 새로운 생각을 할 수 있다.

비유나 은유를 해보는 것도 유연하게 생각을 확산하는 좋은 방법이다. 사람들이 시인들의 상상력을 배우고 싶어 하는 것은 그들이 자유롭고 유연하게 생각을 확산하기 때문이다. 시인의 그런 능력은 구체적으로 비유와 은유로 나타난다. 그런 비유와 은유를 활용할 필요가 있다.

예를 들어, 노트북을 만드는 어떤 사람은 노트북을 항상 여자에 비유한다. 그는 남자에게 인기 있는 여자를 관찰한다. 날씬하고, 화장을 안 한 것 같으면서도 충분히 예쁘게 꾸미고, 능력도 있으면서 사교적인 모습을 관찰하여 그런 노트북을 만들려고 한다. 슬림하고, 단순하면서도 세련된 디자인, 업그레이드된 성능과 다양한 확장성 등을 적용하는 것이다. 자신의 일에 비유와 은유를 적용해 보자. 시를 쓰듯이 생각을 확산해 보자.

 ## 가능성을 항상 열어놓으라

유연한 생각이란 정해진 대로가 아닌 다른 가능성을 생각해 보는 것이다. '꼭 그렇게 해야 하나?', '다른 방법은 없을까?', '혹시 이런 것도 가능하지 않을까?'와 같은 생각을 해보는 것이다.

앞에서 언급했던 것처럼 창의적인 아이디어를 만드는 과정은 물음표에서 시작해서 느낌표를 만들어가는 과정이다. 그 과정에서 좀더 중요한 시간이 있다면 그것은 물음표를 던지는 시간이다. 좀더 많은 물음표와 더 다양한 물음표를 던질수록 우리의 생각은 폭넓게 확산되며 더 좋은 아이디어를 얻어낼 수 있다. 이렇게 물음표를 던지며 유연한 생각으로 더 많은 가능성을 고려하는 것이 창의성을 얻는 길이다.

이런 질문을 해보자.

"물고기를 잡는 그물로 물을 나를 수 있을까?"

답은 '가능하다'이다. 물을 얼음으로 만들면 된다. 실제로 고대 문명을 건축했던 사람들은 산에서 큰 돌을 평지로 옮길 때, 겨울철에 얼어붙은 강을 따라 옮겼다고 한다. 또한 큰 돌을 옮기는 것은 추운 겨울철을 택하여, 땅바닥에 물을 붓고 얼음판을 만들어 굴리기도 했을 것이다. 이런 접근이 바로 유연한 생각이다.

우리에게 주어진 문제가 해결하기 어렵다면 땅바닥에 얼음판을 만들고 언 강을 따라 돌을 옮겼던 고대인들처럼 주어진 조건을 바꿔보자. 상황을 바꾸고, 가정을 바꿔보자. 바꿀 수 있는 것을 바꿔보자. 유연하게 생각해 보자.

 ## 문제에 대한 질문을 바꿔라

유연한 생각을 만드는 효과적인 생각의 기술 중 하나는 질문을 바꿔보는 것이다. 획기적인 아이디어로 문제 해결을 잘하는 사람들의 특징 중 하나가 바로 문제를 다른 질문으로 바꾸는 데 능숙하다는 것이다. 문제를 다른 질문, 다른 표현, 때로는 우리말이 아닌 영어로 나타내보면 생각이 확산되며 우연하게 획기적인 아이디어를 얻을 때가 많다.

앞에서 이야기했던 엘리베이터 문제와 비슷한 사례를 하나 더 살펴보자. 어떤 건물에 아주 오래되어 낡아빠진 엘리베이터가 있었다. 사람들은 그 느려 터진 엘리베이터를 이용할 때마다 짜증을 내곤 했다. 마침내 견디다 못한 건물의 세입자들이 건물주에게 낡은 엘리베이터 문제를 해결해 달라고 요구했다. 건물주는 전문가를 불러 엘리베이터를 고쳐달라고 했는데, 속도가 빠른 신모델 엘리베이터를 설치하기 위해서는 건물의 상당 부분을 부수거나 개조해야 한다고 진단했다. 이를 위해서는 대대적인 공사가 필요하고, 몇 개월 동안 건물을 제대로 이용할 수 없을 것이라 했다. 게다가 비용 또한 만만치 않았다. 앞에 나왔던 미국 샌디에이고의 어느 호텔 엘리베이터 설치 문제와 매우 유사한 문제였다.

이 상황에서 건물 주인은 몇 개월 동안 막대한 돈이 들어가는 대대적인 공사를 하고 싶지 않았다. 그는 다른 방법을 찾아보려 했다. 그래서 그는 이 문제의 질문을 다르게 바꿔보았다. 그는 '어떻게 엘리베이터를 더 빨리 움직이게 할까?'라는 질문을 '어떻게 하면 엘리베이터를 이용하는 사람들이 짜증을 내지 않을까?'로 바꿨다. 이렇게 바뀐 질문에 대한 해결 방법으로 그는 엘리베이터 앞에 커다란 거울을 설치했다.

엘리베이터 앞에 설치된 거울 덕분에 사람들은 지루하게 엘리베이터를 기다리는 시간에 자신의 얼굴을 보거나 옷 매무새를 고치면서 시간을 보내게 되었다. 지루하게 엘리베이터를 기다리던 사람들의 불평도 잠잠해졌다. 물론 그 커다란 거울을 설치하는 데에는 대대적인 공사도 필요 없었고 큰돈이 들지도 않았다. 질문을 바꾸니 해결 방법도 달라져 문제가 더 쉽고 간단하게 풀린 것이다.

이 이야기와 매우 비슷한 사례가 최근 국내 반도체회사에서 있었다. 이 반도체회사에서는 불량률을 줄이기 위한 방법을 고민했다. 분석 결과, 불량률의 큰 원인 중 하나는 작업자가 작업실에 들어갈 때 작업복을 입고 미세 먼지를 제거하는 '에어 샤워'를 충분히 해야 하는데 많은 직원들이 수칙을 제대로 지키지 않는 데 있었던 것이다.

사람들은 대부분 직원 교육을 철저히 하는 등의 방법을 생각했지만, 실제 책임자는 에어 샤워기 앞에 거울을 갖다 놓음으로 이 문제를 매우 획기적으로 개선했다. 에어 샤워를 하는 지루한 시간에 거울을 보며 사람들은 더 오랫동안 샤워기 앞에서 시간을 보냈던 것이다.

앞의 엘리베이터 문제에서도 볼 수 있듯이, 직접적으로 눈에 보이는 해결책은 비용과 노력이 많이 들면서도 생각보다 효과가 뛰어나지 않은 경우가 많다. 문제를 다른 시각으로 보는 것만으로도 문제를 더 쉽고 간단하게 해결할 수 있다. 시각을 조금만 바꿔도 비용 지출도 줄이고, 또는 어쩔 수 없이 포기해야 하는 것을 포기하지 않고도 문제를 쉽게 해결할 수 있게 된다.

★ Exercise 1 ★

1+1=2이다. 하지만 1+1=1도 가능하다. 왜냐하면 물 한 방울에 물 한 방울을 더했기 때문이다. 1+1=11도 가능하다. 젓가락 두 개를 같이 놨기 때문이다. 1+1=3도 가능하다. 왜냐하면 남자와 여자가 만나서 아이를 낳았기 때문이다. 1+1=?에는 다양한 답이 있을 수 있다. 창문 모양, 한자로 밭 전(田)도 되고, 스트레스나 야근도 해당된다(1+1, 일에 또 일을 더하니 스트레스가 쌓이고 야근을 해야 한다). 또다른 1+1=?을 만들어보자. 유치해도 상관없다. 가능한 대로 무엇인가를 만들어보자.

★ Exercise 2 ★

한 남자가 술집에 들어오면서 바텐더에게 물을 한 잔 달라고 했다. 그들은 서로 전혀 모르는 사이였다. 물을 가지러 가던 바텐더는 갑자기 카운터 밑에서 총을 꺼내서 돌아섰다. 그러고는 그 남자를 겨냥해 금방이라도 쏠 듯이 노려봤다. 그런데 잠시 후 좀 전에 들어온 그 사람은 "고맙습니다" 하고 즐겁게 웃으며 말했다. 둘은 서로 악수를 하고 헤어졌다. 어떻게 된 상황일까?

→ 이렇게 어떤 결론이 문제로 제시되고, 어떤 상황에서 그런 결론이 생겼는가를 거꾸로 생각하면서 가능성이 아주 작은 경우까지도 고려하며 상황을 만들어가는 것을 상황 퍼즐이라고 한다. 상황 퍼즐은 생각을 확산하는 대표적인 방법이다. 상황 퍼즐의 답은 하나가 아니다. 상황을 논리적인 오류가 없이 충분히 잘 설명한다면 모두 정답이 될 수 있다. 이 문제에 대한 대표적인 상황 설명은 이렇다.

술집에 들어온 사람은 딸꾹질을 하고 있었다. 그 사람은 술집에 술을 마시러 들어온 것이 아니라 딸꾹질을 멎게 하려고 물을 한 잔 먹으러 들어왔던 것이다. 바텐더는 센스가 있는 사람이어서 그 손님의 마음을 알았다. 그래서 그 손님을 놀라게 해서 딸꾹질을 멎게 하려고 갑자기 총을 겨누었던 것이다. 깜짝 놀란 사나이는 딸꾹질을 멈추었고, 잠시 후 고맙다며 악수를 하고 나간 것이다.

이 상황 외에 더 많은 상황으로 설명할 수도 있다. 또다른 이야기를 직접 만들어보자.

상황 퍼즐을 몇 개 소개한다. 상상력을 발휘해 상황을 만들어보자.

1. 5개의 석탄 조각과 당근 하나, 그리고 스카프와 밀짚모자가 잔디밭에 놓여 있다. 누가 일부러 버린 것은 아닌데, 그것들은 그곳에 그렇게 있을 만한 충분한 이유가 있다고 한다. 그것들은 왜 거기에 있을까?
2. 아이들이 한 줄로 서서 순서를 기다린다. 나이가 지긋한 할아버지가 앉아 있고, 순서가 된 아이는 자기 오른손으로 머리를 지나 왼쪽 귀를 만진다. 이 아이들은 무엇을 하고 있는 것일까?

→ 이 문제들에는 정답이 없다. 상황을 잘 설명하는 것은 모두 정답이 된다. 예를 들어 1번에 대한 설명으로 사람들이 자주 이야기하는 것은 눈사람이다. 눈사람이 있었는데, 날씨가 따뜻해져서 녹았다는 것이다. 2번의 경우에는, 파푸아뉴기니와 같이 아직까지 문명의 손길이 많이 닿지 않은 곳에서, 출생이 불분명한 아이들을 학교에서 공부시키기 위해 대략적으로 나이를 측정하는 것이라고 한다. 그러나 그것만이 답은 아니다. 우리가 상상하여 상황을 설명할 수 있으면 된다. 자유롭게 이야기를 만들어보자.

진지함의 틀을 깨라

5

01

즐거움은 힘이 세다

> 인류는 진보해 왔다. 분별력 있고 책임감 있으며 신중했기 때문이 아니라, 놀기 좋아하고 반항적이며 미성숙했기 때문에 진보한 것이다.
>
> ― 톰 로빈스

　모범생 A와 게으른 B가 처음으로 컴퓨터를 배우고 있다. 컴퓨터의 모든 작업은 타이핑이 기본이다. 그래서 둘은 일단 한 달 동안 타이핑 연습을 하기로 했다. A는 매우 성실하고 근면한 모범생이었기에 키보드의 배열에 따른 각 손가락의 위치를 외우고 성실하게 연습을 했다. 또한 그는 지루함을 참으며 소설책을 그대로 타이핑하며 연습했다.

　반면에 B는 게으르고 노는 것을 좋아한다. 그는 타이핑 연습을 몇 번 하고는 지루함을 참지 못하고 달리 놀 궁리를 했다. 그는 여자 아이들과 채팅을 하면서 농담을 주고 받는 것에 재미를 붙여서 한 달 동안 채팅만 했다.

　자, 이 상황에서 한 달 후 둘 중 누가 더 타이핑을 잘하게 되었을까?

워드 프로세스를 배운다면 그것을 누가 더 빨리 칠까? 우리는 경험상 성실하게 연습한 모범생 A보다 놀기만 한 게으른 B가 타이핑을 더 빨리 칠 것이라는 사실을 안다. 이것은 우리가 일반적으로 경험하게 되는 일이다. 무엇이든 재미있게 즐겨야 한다.

나는 즐긴다, 고로 나는 창조한다

일하는 시간에 비례하여 그만큼의 결과를 얻었던 산업화 시대에는 무조건 열심히 일하는 것이 중요했다. 하지만 지식과 감성을 바탕으로 새로운 창조를 원하는 사회에서는 무조건 열심히 일하는 것보다는 재미있게 즐기는 사람이 더 좋은 성과를 얻는다. 죽을 각오로 열심히 일하는 것보다는 즐겁게 사는 것이 창조를 낳는다.

물론 진지함도 필요하지만 그런 진지함이 즐겁게 자신의 일을 즐기는 것을 방해해서는 안 된다. 중요한 것은 즐겁게 자신의 일을 즐기는 것이다. 기업은 직원들이 좋아하고 하고 싶어 하는 일을 즐겁게 할 수 있는 구조를 만들어야 한다. 그래야 창조적인 기업이 될 수 있다.

창의성의 가장 중요한 요소는 즐거움과 재미다. 자신이 하고 싶은 일을 즐겁고 재미있게 할 때, 창의성은 극대화된다. 이에 관해서는 젊은이들이 취업하고 싶어 하는 회사 가운데 손꼽히는 구글을 살펴보자.

'가장 일하기 좋은 100대 기업'에서 구글은 1위로 꼽히곤 한다. 1998년 설립된 구글은 가장 빠른 성장세를 보이는 기업이다. 현재 구글은 전 세계 검색 시장의 약 60퍼센트를 차지하며, 직원 수는 1만 3,000여 명에 이른다. 구글의 최고문화책임자(CCO : Chief Culture

Officer)인 스테이시 설리번은 구글이 일하기 좋은 기업으로 선정된데 대해 "스스로 아이디어를 낼 수 있도록 직원들에게 권한을 주고, 직원들이 행복한지 꾸준히 살피기 때문"이라고 말했다.

특히 구글은 직원들에게 전체 업무 시간 중 20퍼센트를 자신의 관심 분야에 쓸 수 있게 함으로써 창의성을 발휘하게 한다. 스스로 낸 아이디어를 사내 인트라넷에 올리고, 동료들의 피드백을 받아 일명 '20퍼센트 프로젝트'를 진행하는 것이다. 아이디어에 공감하는 동료들과 팀을 이룰 수 있으며, 회사가 더 크게 개발할 필요가 있다고 판단하면 정식 프로젝트로 채택된다. 구글 뉴스나 지메일, 구글 맵스 등의 제품, 심지어 통근버스 운영도 이런 과정을 통해 탄생했다.

"다른 회사에서도 개인적인 자유를 주지만 업무 외 다른 일에 관심을 보이는 건 허용되지 않았다. 그러나 구글은 내가 하고 싶은 것을 직장에서 하도록 독려한다. 엔지니어가 원하는 걸 하게 하면 열정을 갖고 일할 수 있다." 구글의 소프트웨어 엔지니어 바락 메디라타의 말이다.

구글의 사례에서 보듯이 기분이 좋고 즐거운 감정 상태가 유지될 때 유연하고 복합적으로 생각하는 능력도 증가한다. 재미있고 즐거우면 지적인 두뇌 활동도 왕성해지고 대인관계에서도 더욱 효과적으로 대응할 수 있게 된다.

그래서 문제의 해결책을 찾고 특정 이슈에 대한 창의적인 아이디어를 만들 때는 더더욱 즐겁고 재미있는 상태를 유지하는 것이 좋다. 어려운 수학에 관한 영상을 보다가 온 사람들보다 재미있는 코미디 비디오를 본 사람들이 훨씬 더 문제를 효과적으로 푼다는 연구 결과도 있다. 즐거움·재미가 바로 창조적 아이디어다.

무엇이든 열심히 노력하는 것이 중요하다. 자신의 일을 열심히 해야 아이디어도 생기고 창의성도 발휘할 수 있다. 하지만 열심히 노력만 한다는 것이 쉬운 일은 아니다. 노력의 결과만을 기대하며 고통을 참고 무조건 열심히 하겠다는 생각으로는 노력 자체를 지속하기가 어렵다. 무엇보다 그런 노력의 과정을 즐길 수 있어야 한다. 다음 제품을 보자.

이것은 영국 다이슨사의 날개 없는 선풍기다. 이 날개 없는 선풍기는 2009년 《타임》이 선정한 '올해의 발명품' 가운데 하나로 꼽히기도 했다. 가운데가 뻥 뚫린 동그라미 안에서 마치 마술처럼 바람이 나온다. 하단 원통형 받침대 쪽에서 공기를 끌어올려 이를 위로 보내고, 거대한 링의 가장자리 틈새로 바람을 뿜어내는 방식이다. 날개가 없어서 안전하고, 청소하기도 쉽고, 공기의 흐름은 훨씬 더 부드럽다. 또한 일반 선풍기보다 디자인이 훨씬 더 세련되고 멋지다.

날개 없는 선풍기

전기를 이용한 최초의 선풍기는 1882년 발명됐다. 그 후 127년간 선풍기는 항상 날개가 달린 제품이었지만 제임스 다이슨은 선풍기에 날개가 있어야 한다는 고정관념을 깼다. 그는 엔지니어들에게 질문을 던졌다. "왜 선풍기에 꼭 날개를 써야 하지? 돌아가는 날개 때문에 바람이 중간중간 끊기고 날개를 청소하기도 어렵잖아. 더구나 아이들은 늘 손가락을 넣고 싶어 해 위험하고."

그의 질문은 진지함에서 출발한 것이 아니라 더 즐겁고 재미있는 것을 상상하는 것에서 출발했다. 하지만 그의 질문은 직원들에게 영감을 줬고, 그들은 날개 없는 선풍기라는 아이디어를 제품으로 만들 기술적인 방법을 찾았다.

물론 아이디어가 전부는 아니었다. 제임스 다이슨은 이렇게 말한다. "대체로 초기의 아이디어는 사실 단순하다고 할 수 있다. 이런 아이디어는 아주 작은 부분에 불과하고 상대적으로 쉬운 부분이다. 제품 개발의 99퍼센트는 이런 아이디어를 구현하기 위한 노력이다."

실제로 다이슨은 핸드 드라이어를 만들던 중 세게 내뿜는 바람 주변에서 이상한 공기 흐름을 발견했다. 바람이 나오는 곳 주변은 오히려 공기가 안으로 빨려들어 갔다. 재미있는 현상이라고 생각한 그는 이 현상을 응용해 날개 없는 선풍기를 만든 것이다. 하지만 아이디어도 있었고 기술적인 방법까지 이해했던 다이슨이 날개 없는 선풍기를 완성하기까지는 4년이나 걸렸다. 그 과정은 매우 긴 시간이었고 많은 실패가 있었다. 그러나 그와 직원들은 그런 과정을 즐겼다.

무엇이든 아이디어로만 되는 것은 없다. 아이디어보다는 그것을 구현하는 긴 시간의 노력이 필요하다. 즐겁게 과정을 즐기는 사람만이 시간과 노력을 들여 창의적인 결과를 만든다. 제임스 다이슨도 과정을 즐겨야 한다고 지적한다. 의무감으로 일을 하거나 또는 빨리 제품을 만들어서 돈을 벌어야겠다는 생각만으로 일하는 사람은 긴 시간을 즐겁게 일하지 못한다. 즐겁고 재미있게 그 과정을 즐기는 사람이 창조를 이뤄내는 것이다.

재미와 유머가 넘치는 조직을 만들라

신나고 재미있으며 유머와 웃음이 넘치는 조직을 만들자. 그러기 위해서는 관료적·수직적·계층적인 조직을 참여적·수평적·공유적인 조직으로 바꿔야 한다. 이것이 요즘 기업 및 리더들 사이에서 떠오르고 있는 핵심 경영 트렌드다.

유머와 재미로 직원들과 고객들에게 즐거움을 주고, 이렇게 만들어진 즐거운 환경은 조직을 활성화하고 생산성 증대의 요인이 된다는 경영 전략이 바로 '유머(Fun) 경영'이다. '유머 경영'의 출발은 리더, 직원, 고객 모두가 즐거워야 한다는 것이다. 진지하기만 한 조직에 '재미'라는 활력을 불어넣음으로써 직원에게는 신나는 직장에서 일할 수 있는 기회를 제공하고, 고객에게는 재미와 감동을 전한다.

일하기 좋은 직장, 고객들에게 사랑받는 기업들의 면면을 들여다보면 임직원 간 커뮤니케이션이 활발하고 고객과의 관계도 원활한 것을 알 수 있다. 이런 조직의 중심에는 항상 '재미'가 있다. 재미있는 리더는 직원에게 일하고 싶은 동기를 부여하고, 신명 나게 일하는 직원은 고객에게 감동을 선사할 수 있기 때문이다.

사우스웨스트 항공은 유머 경영의 효시로 꼽힌다. 그들의 유머는 '사우스웨스트 조크(joke)'라고 불리며 많은 사람들에게 사랑받고 있다. 비행기를 타보면 홈페이지에 담긴 이 문구가 꼭 맞다 싶다.

'웃다 보면 어느샌가 도착합니다!'

'담배를 피우고 싶은 손님은 비행기 밖으로 나가 날개 위에서 피우세요. 오늘 상영할 영화는 〈바람과 함께 사라지다〉입니다.'

이런 즐겁고 장난스러운 비행 안내를 어디서 들어볼 수 있을까? 때로는 안전 수칙도 랩송으로 나온다. 뜬금없이 기내 화장실에 최대 몇 명이 들어갈 수 있는지 콘테스트를 열기도 한다.

'담당자와 30초 이상 연결되지 못한 고객은 8번을 눌러주십시오. 그렇다고 빨리 연결되는 것은 아니지만 적어도 기분은 좋아질 겁니다.'

항공사에 전화를 건 고객이 듣게 되는 메시지다. 아마 전화를 끊으려다가도 미소를 머금고 기다릴 것 같다. 사우스웨스트 항공 자체적으로 설문조사를 해보니, 많은 고객들이 기내 승무원들이 재미있고 상냥해 사우스웨스트 항공기에 탑승하는 것을 디즈니랜드에 가는 것만큼 즐겁게 생각하는 것으로 나타났다.

사우스웨스트 항공은 1971년에 설립된 후 단 3년을 제외하곤 지금까지 모두 흑자를 기록하며 돈을 벌어들이고 있다. 적자에 허덕이는 항공업계의 현실을 감안하면 놀라운 성과다. 또한 사우스웨스트 항공은 미국에서 가장 존경받는 기업 중 하나로 항상 거론되곤 한다. 그 중심에는 물론 허브 켈러허 회장이 있다.

그는 미국에서 가장 웃기는 경영자라는 별명이 있을 정도로 유머 경영 신봉자다. 그는 유머가 조직의 화합을 위한 촉매제라며 일은 즐거워야 한다고 주장해 왔다. 켈러허 회장에 관한 재미있는 일화가 있다. 회사 로고를 둘러싸고 경쟁사와 분쟁이 생겼을 때다. 그는 경쟁사 최고경영자에게 느닷없이 팔씨름으로 판가름하자고 엉뚱하게 제안했다. 폭소가 터진 뒤 이어진 경기에서 켈러허 회장은 졌지만 공동 로고 사용권은 따낼 수 있었다. 그는 1990년대 초반, 유머도 함께 팔겠다는 경영 방침을 세웠다. 이 전략이 맞아떨어진 셈이다.

즐거움은 당신을 춤추게 한다

사람의 뇌는 뇌의 앞쪽과 뒤쪽이 서로 다른 구실을 한다. 앞쪽 뇌는 재미와 의욕, 흥미와 동기를 느끼는 것과 관련이 있다. 그래서 뇌의 그 부분에 손상을 입으면 재미와 흥미를 못 느끼고 의욕도 상실하는 것이다. 반대로 재미와 흥미를 많이 느끼면 앞쪽 뇌를 활성화할 수도 있다.

뇌의 구조를 과학적으로 분석한 자료에서 우리가 알 수 있는 것은 재미없고 지루한 일을 의무감으로 하는 것은 전혀 효과가 없다고 한다. 즐겁고 재미있게 일하는 것이 더 풍부하게 생각하고 전후 관계도 잘 파악하게 하며, 현명한 판단을 하게 한다. 중요한 것은 이 앞쪽 뇌를 활성화하고 더 건강한 상태로 유지하는 것이다. 그렇게 하는 가장 좋은 방법은 항상 자신의 일을 즐겁고 재미있게 즐기는 것이다.

인생에서 중요한 것은 자신이 원하는 것을 얻기 위한 노력이다. 맞는 말이다. 그러나 의무감으로, 또는 결과만을 생각하며 노력하는 것으로는 창의적인 성과를 기대할 수 없다. 재미있고 즐거운 노력이어야만 한다. 만약 자신의 상황이 재미없고 즐겁지 않다면 먼저 재미있고 즐거울 수 있는 방법을 찾아야 한다.

예를 들어, 헬스클럽의 러닝머신에서 뛸 때도 벽을 보고 뛰기만 한다면 너무 지루하고 재미없는 일일 것이다. 그래서 대부분의 헬스클럽에서 러닝머신 앞에 텔레비전 모니터를 놓거나, 창밖이 보이는 곳에 러닝머신을 놓아둔다. 그래야 지루함을 줄이고 재미있게 운동할 수 있기 때문이다.

우리의 생활에서도 재미있고 즐거울 수 있는 상황을 만들어야 한다. 해야 한다는 의무감으로 일하는 것과 하고 싶다는 즐거움으로 일하는 것의 차이는 매우 크다. 자신의 일을 재미있게 즐길 수 있도록 나름대로 방법을 찾아보자.

그 하나의 강력한 방법이 유머다. 유머는 재미와 즐거움을 만들고 활력과 좋은 기분을 불어넣는다. 최근 다른 사람에게 유머를 이야기한 적이 언제인가? 웹 사이트나 책 등 자신의 상황에 맞게 유머를 공급받아라. 그리고 주위 사람들에게 적어도 1주일에 하나 이상의 유머를 이야기해 보자.

★ Exercise ★

커피에는 없지만 빵에는 이것이 있다. 노트에는 없지만 연필에는 이것이 2개나 있다. 아파트에는 없지만 빌라에는 이것이 1개가 있고, 옥탑방에는 이것이 3개나 있다. 이것은 무엇일까?

→ 답은 받침(종성)이다.

02

'쓸데없는 것'이
생각의 디딤돌

우리는 모두 발명가이다.
— 랠프 월도 에머슨

아이디어 상품이나 상상력을 자극하는 광고는 언제나 즐거움과 재미를 준다. 기발하고 톡톡 튀는 아이디어 상품을 보면서 사람들은 상상력에 유쾌한 자극을 받기도 하고 감성적으로 즐거운 경험을 하기도 한다.

다음의 컵은 평소에는 OFF라는 글자가 보이다가, 뜨거운 커피가 담기면 바탕색이 변하며 OFF라는 글자가 ON이라는 글자로 바뀐다. 재미있는 아이디어 상품이다. 하지만 이런 컵을 보면서 이렇게 말하는 사람도 있다.

"저런 컵을 뭐 하러 만들어?"

뜨거운 커피가 담기면 OFF가 ON으로 바뀌는 컵

사실 기능적이고 실용적인 측면에서는 이런 컵을 만들 이유는 없다. 컵은 그냥 커피를 담아 마시기만 하면 된다. 하지만 사람들은 커피를 담아서 마시는 컵의 기능만이 아닌 새로운 즐거움과 자극을 주는 이런 컵을 더 좋아한다. 독특하고 재미있고 신기한 것, 컵 하나에서도 이런 것을 느끼며 즐기고 싶어 한다.

우리가 진지함의 경계를 넘어서야 하는 이유는 이런 독특하고 재미있는 것을 창조하기 위해서다. 진지함에 너무 매몰되어 있는 사람은 실용적이고 기능적인 것에 생각이 갇히기 때문에 새롭고 즐거운 창조에 눈을 뜨지 못한다.

또 하나의 아이디어 상품을 보자. 마술 전구다.

마술 전구

원래의 마술 전구 형태

소켓에 올려만 놓아도 불이 들어오는 전구다. 이 전구는 벽에 그냥 붙여도 불이 들어오게 할 수 있다. 신비롭고 재미있는 이 전구는 어떻게 만들어진 것일까? 그 비밀은 아주 간단하다. 이 전구는 소켓에 끼우는 전구의 금속 부분이 두 개로 되어 있다. 결국 한쪽 부분을 소켓에 끼운 것이다. 그래서 보기에는 그냥 소켓에 올려놓거나 벽에 붙여 놓기만 해도 불이 들어오는 것처럼 보인다. 재미있는 아이디어 상품이다.

엉뚱한 생각은 창조의 디딤돌

실용적이지 못하고 때로는 바보 같은 생각과 행동이 창조의 디딤돌이 되기도 한다. 디딤돌은 정말 쓸데없는 것처럼 보이고 상식적이지도 않아 보인다. 하지만 그런 디딤돌이 새롭고 획기적인 창조를 유도한다면 그것은 매우 가치 있는 것이다. 진지함에 매몰되어 있는 사람은 이 디딤돌을 제대로 활용하지 못한다. 때로는 바보 같고 현실적이지 않은 생각들이 새로운 창조의 디딤돌이 되기 때문에 이 디딤돌을 활용하는 것이 매우 중요하다.

'괴짜들의 노벨상'으로 불리는 '이그 노벨상(Ig Nobel)'은 언제나 사람들에게 웃음과 즐거움을 준다. 이그 노벨상은 "사람들을 웃게 만들고 생각하게 함으로써 과학과 의학, 기술에 대한 관심을 북돋우자"라는 취지로 하버드대의 과학 유머 잡지 《AIR(*Annals of Improbable Research*)》가 1991년 제정한 상이다. 매년 분야별로 저명 학술지에 발표된 연구 성과를 토대로 시상하며 상금은 없다.

맥주병으로 사람의 머리를 내려칠 경우, 빈 맥주병이 맥주가 든 병보다 더 큰 충격을 준다는 사실을 실험으로 입증한 스테판 볼리거 스위스 베른대 법의학장은 그 공로로 2009년 이그 노벨 평화상을 받았다. 폴란드어로 '운전 면허'라는 뜻의 이름을 가진 프라보 야르시라는 속도 위반 상습범에게 50차례나 범칙금 고지서를 발부한 아일랜드 경찰은 이그 노벨 문학상을 받았다.

남들이 보기에는 쓸데없는 짓을 하는 사람들이 수상자가 되는 것이다. 하지만 그들의 '쓸데없는 짓'이 실제로는 실용적인 아이디어의 디딤돌이 되기도 한다.

2006년 영국의 하워드 스테이플턴로는 불량 청소년 퇴치 고주파기를 발명하여 쇼핑몰에 평화를 가져온 공로로 이그 노벨 평화상을 받았다. 어른들은 들을 수 없지만 청소년에게는 고막을 찢을 듯이 들리는 고주파 소음을 내어 가게 앞을 어슬렁거리는 10대들을 쫓아내는 초음파기를 발명한 것이다. 그 발명품의 원리는 대략 이렇다.

20대 이후의 성인들은 청력이 떨어져서 주파수가 8,000Hz 이상으로 올라가면 그 소리를 듣지 못한다고 한다. 그래서 주파수가 1만 7,000Hz인 소리를 내면 10대는 듣지만 30~40대는 듣지 못한다. 이런 고주파 소리를 이용해서 그는 쇼핑몰이나 고급 레스토랑 근처에서 어슬렁거리는 10대 청소년들을 쫓아내는 기계를 발명한 것이다. 물론 자신들이 원하는 30대 이상의 고객에게는 그 고주파 소리가 들리지 않기 때문에 고객 관리에는 아무런 문제가 없었다.

그의 그 쓸데없는 발명품을 디딤돌로 삼아 영국의 한 통신회사에서는 '틴벨(Teenage-Bell)'이라는 벨소리 서비스를 시작했다. 틴벨은 10대에겐 들리지만 30~40대는 듣지 못하는 벨소리다. 이 휴대전화 벨소리 서비스는 영국과 미국 등지에서 10대들에게 선풍적인 인기를 끌었다.

이런 장면을 상상해 보라. 학교 수업 중에 누군가의 휴대전화 벨소리가 울린다. 교실의 학생들은 모두 낄낄거리며 웃는다. 왜냐하면 그들이 듣는 그 벨소리를 선생님은 듣지 못하기 때문이다. 전화를 받은 학생은 선생님 몰래 살짝 통화를 한다. 10대들이 그 벨소리를 얼마나 좋아했을지 알 만하다.

아이디어는 진화하는 습성이 있다. 생각은 끊임없이 변형과 변이 과정을 거치며 살아 있는 생명체처럼 움직인다. 그런 과정에서 아주 엉뚱하고 비현실적인 생각들이 획기적인 아이디어가 되기도 한다. 그러므로 처음부터 획기적인 아이디어를 내겠다는 생각보다는 변형·변이 과정을 거치며 생각을 진화시키겠다고 여기는 것이 좋다. 바보 같고 비현실적인 생각을 디딤돌 삼아 독특하고 획기적인 아이디어를 만들어낼 수 있기 때문이다.

생각의 디딤돌 만들기: 무조건 거꾸로

생각의 디딤돌을 만드는 가장 단순한 방법은 무조건 거꾸로 만들어 보는 것이다. 무엇이든 무조건 거꾸로 만들면 새로워진다. 그런 새로움을 디딤돌 삼아 아이디어를 찾으면 생각보다 쉽게 획기적인 아이디어를 만들 수 있다. 다음의 입양 광고를 보자.

인도의 입양·아동복지 광고

"Adopt. You will receive more than you can give.(입양하세요. 당신이 주는 것 이상으로 받게 됩니다)."

이 광고는 어린아이의 품에 안겨 행복해하는 어른의 모습을 보여주며 입양의 좋은 점을 말해 준다. 이 광고는 역발상, 즉 거꾸로 만들기를 통하여 아이디어의 디딤돌을 어떻게 활용하는지를 잘 보여준다.

도브 '리얼뷰티 캠페인' 광고

입양 광고를 만든다면 어른이 아이를 안고 있는 모습을 담는 것이 상식적이고, 거꾸로 아이가 어른을 안고 있는 모습을 담는다면 비상식적인 것이고 말도 안 된다고 할 것이다. 하지만 이렇게 말도 안 되는 '거꾸로'를 디딤돌로 삼아, 입양을 통해 아이들에게서 받는 양부모의 행복감을 강조함으로써 매우 강한 광고 효과를 만들어내고 있다.

이렇듯 새로움을 만들기 위해서는 사람들이 생각하고 기대하는 틀에서 벗어나야 한다. 생각의 틀에서 벗어나는 대표적인 방법이 바로 이 '거꾸로' 생각하기다. 역발상하여 일반적인 상식을 거꾸로 뒤집으면 그것만으로도 새로움이 생긴다. 새로움은 아무도 하지 않는 것을 하는 것이다. 그런 새로움을 디딤돌로 삼아 아이디어를 찾는다면 생각의 틀에 얽매이지 않는 독특하고 획기적인 아이디어를 생각해 낼 수 있다.

거꾸로 뒤집어 아이디어를 만드는 또 하나의 사례를 유니레버 도브 화장품 광고에서 찾아볼 수 있다. 도브 화장품에서는 할머니를 광고 모델로 등장시켜 주목을 받았다.

일반적인 화장품 광고에는 젊고 예쁜 미인이 등장한다. 하지만 이 광고는 미인이 될 수 있다는 동경심을 자극하는 화장품 광고의 일반적인 콘셉트에서 벗어나 할머니를 모델로 세워 진정한 아름다움은 나이도 키도 몸매도 피부색도 아니라는 메시지를 강력하게 전한다.

이 광고도 젊고 아름다운 여성을 모델로 삼는다는 일반적인 상식을 뒤집어 할머니를 광고 모델로 등장시키고, 그것을 디딤돌 삼아 아이디어를 만들어냈다. 이 광고의 진짜 의미는 '진정한 아름다움'을 생각하자는 것이다. 날씬하고 예쁜 것만이 진정한 아름다움이 아니라는 메시지는 예쁘지 않은 평범한 사람들에게 강하게 어필한다.

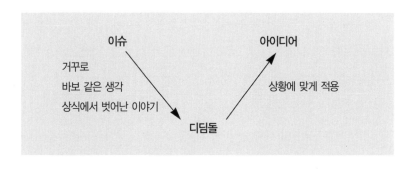

디딤돌을 이용하여 새로운 아이디어를 만드는 방법을 정리하면 위와 같다.

디딤돌을 이용해 새로운 아이디어를 만든 사례를 하나 더 소개한다.

네덜란드의 어느 도시에서 쓰레기 문제가 심각해졌다. 사람들이 쓰레기를 쓰레기통에 버리지 않는 바람에 깨끗했던 도시가 점점 더 심각하게 오염되기 시작했다. 그 도시의 환경 위생을 담당하는 부서에서는 해결 방법을 찾아야 했다. 그들은 쓰레기를 함부로 버릴 때의 벌금을 25길더에서 50길더로 인상했다. 하지만 별 효과가 없었다. 그들은 고민에 빠졌다. 그때 한 사람이 아이디어를 냈다.

"쓰레기를 쓰레기통에 버리는 사람에게 돈을 주면 어떨까요? 시민들이 쓰레기를 쓰레기통에 버리면 10길더를 주는 겁니다."

생각해 보면 정말 어처구니없는 말이었다. 하지만 그 의견은 규칙을 지키지 않는 사람을 처벌하는 것이 아니라 잘 지키는 사람에게 보상을 하자는 것이었다. 회의에 참석한 사람들은 그의 말을 디딤돌로 삼아 그 의견을 발전시켜 새로운 아이디어를 생각해 냈다. 바로 웃음을 주는 쓰레기통을 만든 것이다.

쓰레기를 넣을 때마다 돈이 나오는 것이 아니라 재미있는 유머를 들려주는 쓰레기통이었다. 유머는 주기적으로 새로운 것으로 바뀌며 사람들에게 즐거움을 줬다. 시민들은 쓰레기를 쓰레기통에 넣었으며 도시는 다시 깨끗해졌다.

우리가 디딤돌을 활용하는 이유는 생각의 틀에서 벗어나기 위해서다. 사람들의 생각이 대부분 비슷비슷한 이유는 생각의 틀이 비슷하기 때문이다. 그래서 독특한 생각을 만드는 가장 좋은 방법은 일단 상식적인 틀 밖으로 나갔다가 다시 틀 안으로 들어오는 것이다. 틀 밖으로 나가는 것이 바로 디딤돌을 활용하는 것이다.

아이디어를 만드는 힘은 진화다. 처음에는 아주 엉뚱해 보이는 아이디어가 변화하고 다른 것과 섞이며 획기적인 아이디어가 된다. 출발점은 아주 엉뚱하고 바보스러운 것이 좋다. 엉뚱해 보이는 아이디어일수록 더 독특하고 더 획기적인 아이디어가 되기 때문이다.

다음 문장에서 틀린 점 4가지를 찾아라.

1669년 7월 신혼부부가 자신들의 아기를 안고 길을 건너다, 쌓인 눈에 미끄러진 자동차에 치이는 사고를 당했다.

→ 이 문제에서 틀린 부분은 7월의 눈, 신혼부부의 아기, 그리고 1669년의 자동차다. 그리고 틀린 점이 3가지밖에 없는데 4가지라고 한 문제 자체도 틀린 것이다. 그렇게 총 4가지를 찾으면 된다. 이것은 문제를 문제의 밖에서 보는 메타적인 관점을 요구한다.

03

살며, 즐기며, 창조하며

> 나는 물리학을 가지고 놀았다. 내가 하는 일이 핵물리학의 발전에 중요한가 아닌가 는 관심 없었고, 내가 가지고 놀기에 재미 있고 즐거운가에만 관심이 있었다.
>
> — 리처드 파인만

게리 달(Gary Dahl)은 어느 날 친구들과 술을 마시며 애완동물에 관한 이야기를 하고 있었다. "개·고양이·새·물고기. 이런 애완동물들은 정말 귀찮아. 집을 어지르고, 말도 안 듣고, 돈도 많이 들어가. 왜 키우는지 모르겠어. 차라리 돌멩이를 키우는 게 낫겠어."

웃자고 던진 그의 농담에 친구들은 동조하기 시작했다. 그들은 재미 삼아 애완용 돌멩이에 대한 이야기를 계속했다. 그것은 재미 있는 농담으로 그치지 않았다.

애완 돌멩이

마침내 달은 샌프란시스코와 뉴욕에서 열린 선물 전시회에 애완 돌멩이를 내놓았다. 개당 3달러 95센트짜리 애완용 돌멩이는 수백만 개나 판매되며 선풍적인 인기를 끌었다. 게리 달은 순식간에 백만장자가 되었다. 재미있는 상상에서 시작된 사소한 장난이 획기적인 사업 아이디어가 된 것이다.

상황을 즐겨야 아이디어가 나온다

사람들은 지하철이나 버스에서, 샤워할 때, 자려고 누웠을 때, 또는 친구들과 잡담을 할 때 아이디어가 가장 잘 떠오른다고 답한다. 이렇게 아이디어가 탄생하는 순간의 특징을 살펴보면, 마음의 여유를 가지고 어떤 일을 할 때 문득 아이디어가 떠오른다는 것이다.

우리의 경험에서도 알 수 있듯이 너무 진지한 생각에 골몰해 있으면 오히려 좋은 아이디어가 나오지 않는다. 그 생각에서 벗어나 다른 생각을 하거나 다른 일을 할 때 아이디어가 갑자기 번뜩일 때가 있다. 이것이 우리가 진지함의 틀을 깨야 하는 이유다.

창의적인 발상은 유연한 마음 상태, 다양성을 수용하며 기존의 틀에 얽매이지 않을 때 생겨난다. 따라서 마음의 여유는 창의적인 사고의 기본적인 조건이다.

일반적으로 우리는 싸워서 이기는 것이 비즈니스의 기본 조건이고 열심히 살아가는 모습이라고 생각한다. 우리 눈에는 이기는 것과 지는 것 두 가지만 보인다. 그래서 이기기 위해 진지한 태도로 눈에 불을 켜는 것이 옳다고 여기곤 한다. 이기거나 지는 것 둘 중 하나로 세상을 보는 것에 익숙한 우리는 노는 것을 부정적인 것으로 본다. 하지만 창조적인 많은 결과들은 놀면서 즐기면서 만들어진다. 노는 것과 일하는 것의 경계가 없는 것이다.

언젠가 젊은 나이에 노벨 물리학상을 수상한 파인만에게 기자가 물었다.

"당신은 하루에 몇 시간이나 물리학 공부를 합니까?"

파인만은 대답할 수가 없다고 말했다. 그는 특별하게 시간을 정해서 일하듯 공부하지 않고 놀이를 하듯 물리를 즐기며 놀았다고 했다.

"나는 물리학을 가지고 놀았다. 내가 하는 일이 핵물리학의 발전에 중요한가 아닌가는 관심 없었고, 내가 가지고 놀기에 재미있고 즐거운가에만 관심이 있었다."

사람들은 여유롭고 재미있게 일을 하고 있다고 하면 그것은 진지하지 못한 태도이고 일을 열심히 하지 않는 것이라고 생각하곤 한다. 먼저 그런 고정관념을 깨야 한다. 노는 것은 나쁜 것이고 진지하게 일하는 것만 더 좋은 성과를 낸다는 생각의 틀을 넘어야 한다. 다른 사람을 깜짝 놀라게 하는 성과를 올린 많은 사람들은 일을 재미있게 즐긴다고 말하곤 한다.

일상적인 상황에서도 마찬가지다. 진지할 수밖에 없는 상황이라도 항상 여유를 갖고 상황을 즐기는 마음을 가져야 한다. 그래야 좀더 넓게 보고 상황을 제대로 이해해서 더 잘 대응하게 되는 것이다. 이런 유머를 한번 보자.

한 정원사가 법정에 섰다. 그는 자신이 일하는 집의 부인을 코끼리라고 부른 탓에 고소되었다. 정원사가 코끼리라고 부른 부인은 화가 머리 끝까지 치밀어 법정에서도 분을 삭이지 못했다. 판사가 정원사에게 말했다.

"이번에는 구속하지 않고 경고만 합니다. 하지만 한 번만 더 부인을 코끼리라고 부르면 당신을 구속하겠어요."

판사의 말에 정원사는 이렇게 말했다.

"잘 알겠습니다, 판사님. 그런데 판사님, 질문이 있습니다. 부인을 코끼리라고 부르면 안 되지만, 코끼리를 부인이라고 부르는 것은 괜찮습니까?"

"그건 상관없습니다."

재판이 끝나고 법정을 나가던 정원사는 자신을 고소했던 부인에게 이렇게 말했다.

"안녕히 가세요, 부인!"

 ## 스트레스를 받을수록 가볍고 여유롭게

진지함이란 이미 주어진 상황의 흐름을 따라가는 것이다. 진지하게만 생각하다 보면, 기존의 상식 수준에서만 생각하게 된다. 흐름을 벗어나고 상식의 틀을 넘을 필요가 있을 때에는 가볍게 여유롭게 접근하는 것이 필요하다.

어떤 일에 대해 진지하게 생각하는 정도를 넘어서 압박을 느끼며 스트레스를 느낀다면 그 일을 제대로 잘하기가 어렵다. 유연한 생각만이 스트레스나 마음의 압박감을 풀 수 있다.

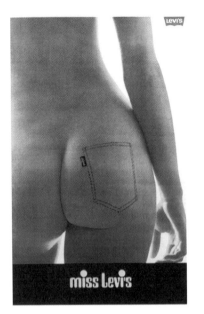

리바이스 광고

지금 당신을 압박하는 문제는 무엇인가? 그런 문제를 적어보자. 그리고, '까짓 것, 뭐 어때!' 라고 소리쳐보자. 최악의 시나리오를 생각하며, '그런다고 세상이 끝나는 것도 아니잖아!'라고 소리쳐보자. 오히려 가볍게 생각하며 스트레스를 날려버리는 것이 더 좋은 성과를 만들어낸다.

즐거움, 재미의 힘을 보여주는 사례 하나를 더 소개한다. 리바이스의 청바지 광고다. 여자의 벗은 엉덩이에 선명한 리바이스 로고가 보인다. 실제로 청바지는 보이지 않고, 단지 주머니와 로고가 엉덩이에 그려져 있다.

'Miss Levi's'

영어로 'Miss'가 젊은 여성을 뜻하기도 하고, 다른 의미로는 '그립다'는 뜻도 있다. 리바이스 청바지를 갖고 싶은 젊은 여성이 자신의 엉덩이에 주머니와 로고를 그린 것으로 보인다. 리바이스 청바지가 얼마나 멋지기에, 몸매가 멋진 여성이 그렇게 그리워하고 갖고 싶어 하는지를 잘 표현하고 있다. 실제로 청바지는 보여주지도 않으면서 말이다. 이 광고는 1971년에 만들어졌다고 한다. 시대를 앞서는 감각이 느껴진다.

다음 벽돌에서 A에서 B까지의 공간적인 거리는?

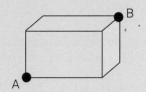

→ 이 문제는 가로, 세로, 높이의 길이를 자로 재어서 피타고라스의 정리를 적용해 계산할 수 있다. 대각선의 길이의 제곱은 가로 길이와 세로 길이의 제곱의 합인 것을 이용하는 문제다. 그러나 더 쉽게 풀 방법이 있다. 바닥의 A 위치에 점을 찍고, 벽돌을 옆으로 밀어서 A가 A´에 오도록 옮긴다. 그러면 A 위치에서 B까지의 거리를 자로 재면 그만이다.

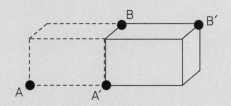

진지하게 고민하는 성향인 사람들은 학교에서 배운 피타고라스 정리만을 생각한다. 하지만 공식에 얽매일 필요없이 가볍고 여유 있게 생각하면 더 쉽게 답을 구할 수 있다.

감정의 틀을 깨라

6

01

마음이 생각을
먼저 결정한다

이성과 감성의 근본적인 차이는 이성은 결론을 낳는 데 반해 감성은 행동을 낳는다는 점이다.

— 케빈 로버츠

어느 날 한 신부가 두 수녀와 함께 마차를 타고 가게 되었다. 그의 오른쪽에는 나이 많은 수녀가, 왼쪽에는 젊은 수녀가 앉아 가게 되었다. 가는 도중 달리는 마차가 왼쪽으로 회전할 때 신부의 몸이 오른쪽에 앉은 나이 많은 수녀 쪽으로 기울게 되었다. 깜짝 놀란 신부가 기도했다.

"주여, 시험에 들지 않게 하옵소서."

얼마큼 달리다 보니 이번에는 오른쪽으로 회전하게 되었다. 자연히 신부의 몸이 왼쪽에 앉은 젊은 수녀 쪽으로 기울게 되자, 이번에는 신부가 이렇게 기도했다.

"주여 뜻대로 하옵소서!"

남이 하면 불륜이고 내가 하면 로맨스라고 한다. 우리의 생각이나 판단은 대부분 감정이 결정한다. 사람들은 이성적으로 생각하고 합리적으로 행동하려 한다. 그러나 누구도 감정을 배제하고 이성적이며 합리적으로 생각할 수 없다. 논리나 분석은 모든 상황의 후반부에 오는 것이다. 모든 상황의 전반부에는 감정과 직관이 있다. 그래서 중요한 것은 감정과 감성을 읽고 파악하는 것이다.

더욱이 21세기는 감성의 시대다. 휴대전화를 살 때도 예전에는 '기능이 얼마나 많은지, 제품이 얼마나 튼튼한지' 등과 같은 것을 살폈다. 그러나 요즘은 디자인을 가장 먼저 본다. 얼마나 멋지고 얼마나 예쁜가가 휴대전화를 선택하는 기준이다. 휴대전화만이 아니다. 다른 제품도, 서비스도, 사람도 마찬가지다.

여성의 시대, 감정을 먼저 보라

21세기를 여성의 시대라고 한다. 이 말은 단지 여성 소비자의 파워가 막강해졌다는 사실만을 의미하는 것은 아니다. 우리 사회와 문화가 이성적 합리주의보다는 여성의 섬세한 감성에 이끌려가고 있음을 뜻하는 것이다. 20세기에는 물건을 만드는 기술이 중요했다면, 21세기에는 기술은 기본이고 그보다 소비자에게 선택받을 수 있는 디자인이 더 중요한 요소가 된 것이다. 그래서 21세기를 살아가는 사람들은 여성의 감성을 이해해야 한다.

여자를 잘 유혹하는 플레이보이를 생각해 보자. 플레이보이가 여자를 잘 유혹하는 기술의 핵심은 무엇일까? 그것은 바로 감성적인 능력이다. 감성적인 여자들과 감성 코드를 잘 맞추는 능력이 바로 플레이보이가 여자들에게 어필하는 능력인 것이다. 상대의 감성을 읽어야 상대에게 다가갈 수 있다. 이것은 커뮤니케이션이나 프레젠테이션을 잘하고, 설득이나 협상을 잘하고, 리더십을 발휘하는 데 기본적인 요소가 된다.

창의성 또한 감성적으로 공감하고 함께 느끼는 능력에서 발휘된다. 영화 〈왓 위민 원트(*What women want*)〉를 보면 주인공인 멜 깁슨이 우연히 여성들의 속 이야기를 듣는 능력을 얻게 된다. 여자들이 진짜 원하는 것이 무엇인지 알게 된 그는 모든 일이 잘 풀리고 직장에서도 성공한다. 우연한 사고로 그가 지니게 된 능력이란 단지 여자들의 속마음을 읽을 수 있는 것뿐이었다. 여자들이 원하는 것을 알게 되었다는 단 하나의 이유로 그의 모든 것이 바뀌는 것이다.

우리는 감성이 이성을 지배하는 시대에 살고 있다. 이제 제품을 선택할 때 사람들은 기능을 생각하면서 얼마나 튼튼하고 오래 쓸 수 있을지를 먼저 고려하지 않는다. 디자인을 먼저 본다. 한눈에 들어오는 감각으로 제품을 선택한다. 그런 소비자의 마음을 가장 잘 읽은 회사가 '애플'이다.

애플의 디자인은 CEO인 스티브 잡스와 수석 디자이너 조너선 아이브에 의해 완성된다. 스티브 잡스의 디자인 철학의 중심은 상업성과 기능성이다. 디자인이란 겉모양이 아닌 기능에 관한 문제라고 그는 주장한다. 반면, 영국 출신으로 유럽의 디자인 교육을 받은 조너선 아이브는 예술성을 바탕으로 개성과 다양성을 강조한다. 그 둘의 조합으로 애플은 누가 보더라도 감각적이고 '애플스러운' 디자인을 만들고 있다.

그런데 애플의 디자이너들은 조너선 아이브를 좋아하지 않았다. 왜냐하면 그는 욕조회사 출신으로 PC에 관해서는 전혀 경험이 없었기 때문이었다. 그러나 아이브의 가능성을 알아본 스티브 잡스는 다른 사람들의 반대에도 불구하고 그를 발탁한다. 그 후 아이브는 '이건 애플 느낌이 난다'고 하는 거의 모든 것을 디자인했다.

애플이 제품에서 디자인을 얼마나 중요하게 생각하는지를 잘 보여주는 사례로 그들의 애프터서비스를 들 수 있다. 애플은 애프터서비스가 없다. 정확히 말해 부품 교체라는 것이 없다. 제품에 문제가 있다면 그것을 통째로 교환해야 한다. 그 이유는 디자인 때문이다. 매끈한 디자인을 유지하기 위해서 처음부터 제품을 뜯었다 붙이는 것을 고려하지 않은 것이다. 아이폰은 배터리를 교환할 수 없다. 디자인을 위해서다.

애플 제품을 살 때처럼 우리의 생각이 감정에 의해 결정된다면 당연히 우리는 감정을 먼저 살펴야 한다. 자신의 감정과 다른 사람의 감정을 먼저 제대로 관찰하는 것이 그 어떤 능력보다 큰 힘이 된다. 지금은 인터넷으로 실시간 정보를 공유하는 시대다. 스마트폰으로 대표되는 모바일 기기로 인해 정보는 더 빨리 공유되고 있다.

하지만 실제로 사람들이 공유하는 것은 '객관적인 사실'이 아닌 자신들의 '주관적인 감정'이다. 이성적인 정보만이 아니라 개인의 감정과 생각이 빠르게 공유되고 있는 것이 그 어느 나라보다 앞선 정보 강국인 우리나라의 현재 모습이다. 개인의 감정은 이성적인 정보보다 더 빠르고 응집력 있게 공유된다.

다수결을 생각해 보자. 우리 사회의 가장 기본적인 합의의 원칙이 바로 다수결을 따르는 것이다. 대통령도 다수결로 결정된다. 얼마나 똑똑하고 잘났는지 겨뤄서 이긴다고 되는 게 아니다. 인기 스타나 베스트셀러 상품도 다수결의 결과다. 객관적으로 우수한 제품을 만드는 회사가 아니라 고객에게 선택되는 제품을 만드는 회사가 성장한다. 중요한 것은 다수결이다.

생각해 보면 다수결 역시 감정이다. 사회는 감정적이고, 감성이 사회를 움직인다. 사회가 기본적으로 감정적이라면, 사회적인 힘은 감정적인 공감대에서 생긴다. 다른 사람에게 감정적인 호소를 하고, 공감대를 형성하고, 내 마음을 이해시키는 것이 바로 사회적인 힘이다. 논리와 분석은 그 다음의 문제로, 그것은 감정의 공감을 위한 도구이다.

상대를 감동시켜라

요즘 오디션 프로그램이 인기다. 2010년에는 〈슈퍼스타K 2〉를 재미있게 봤다. 특히 누가 탈락하고 누가 생존하는가를 관심 있게 보면서 요즘 사람들이 원하는 창의성을 잘 관찰할 수 있는 좋은 기회였다.

먼저 생각해 볼 것은 〈슈퍼스타K 2〉 심사위원들의 심사 기준이다. 오디션의 예선에 참가했던 사람의 수는 134만 명이 넘었다. 134만 명 중에 11명을 뽑고, 그 11명 중에서 한 명씩 한 명씩 탈락해서 최종적으로 1명의 우승자를 뽑는 이 게임의 심사위원들은 어떤 기준을 염두에 두고 있었을까?

심사위원들은 자신의 심사 기준에 대해 이렇게 말했다.

- 이승철 : 음악성이 있어야 한다. 그것이 기본이다. 우리가 원하는 사람이 어야 한다.
- 윤종신 : 희소성이 필요하다. 남과 다른 무엇인가를 보여줘야 많은 사람들 중에 선택받을 수 있다. 노래를 잘하는 것만으로 승부하려면 정말 노래를 잘해야 한다.
- 박진영 : 노력을 지속할 수 있는 사람이어야 한다. 지금부터 시작해서 가수로 성공할 수 있는 사람은 오랜 시간 동안 포기하지 않고 계속 노력해야 한다.
- 엄정화 : 나를 감동시켜야 한다. 나를 감동시키는 사람에게 점수를 줄 것이다.

심사위원들의 심사 기준은 슈퍼스타가 되는 조건을 매우 잘 보여주고 있고, 그것이 바로 요즘 세상에서 사람들이 생각해야 하는 창의성의 조건이다. 물론 결선에서 뽑힌 11명에게는 시청자들의 온라인 투표와 문자 메시지가 더 중요한 요소였다. 하지만 온라인 투표를 하고 문자를 보내는 일반 시청자도 아마 앞에서 심사위원들이 제시한 조건과 비슷한 이유에서 슈퍼스타를 선택했을 것이다. 나는 심사위원들의 심사 기준을 들으면서 엄정화 씨의 말이 가장 인상적이었다.

"저를 감동시켜 주세요. 저를 감동시켜 주시는 분에게 점수를 드릴 거예요."

상대의 마음에 어필하려면 감동을 주어야 한다. 감동을 주기 위해서는 이승철이 이야기한 음악성이 있어야 할 것이고, 윤종신이 이야기한 남과 다른 것을 보여주는 희소성도 있어야 할 것이다. 박진영이 이야기한 열심히 노력하는 모습에서 사람들은 감동을 받을 수도 있다. 그것이 어떤 것이든 상관없다. 중요한 것은 상대에게 감동을 주어야 한다는 것이다. 우리가 발휘하는 창의성의 결과도 감동이어야 한다.

감동이 힘이다. 사람들의 눈을 자극하고 머리를 이해시키는 것보다 더 강력한 것은 그들의 마음에 감동을 주는 것이다. 실제로 〈슈퍼스타 K 2〉에서 높은 등수에 올라갔던 사람들을 보면 모두 감동적인 사연이 있다.

중졸 학력에 환풍기 수리공으로 어렵게 생활하면서도 가수의 꿈을 포기하지 않았던 허각이 1등을 했다. 물론 허각이 어려운 가정환경 때문에 1등을 한 것은 아니다. 그는 기본적으로 노래를 정말 잘했다. 노래를 남과 다르게 탁월하게 잘했던 것이 그의 희소성을 만들었다. 그리고 그는 노력했다. 어렵고 다양한 일을 하면서도 항상 노래를 놓지 않았고 오디션 내내 정말 열심히 노래를 불렀다. 그는 그런 감동을 사람들에게 전달한 것이다.

2등을 차지한 존 박은 미국에서 한국을 찾아와 가수의 꿈을 이어갔다. 세련된 외모도 중저음의 목소리도 많은 여성 팬들에게 어필할 수 있는 요소였다. 그렇게 그는 자신의 감동을 만들었다.

3등을 한 장재인은 초등학교 때부터 왕따를 당하며 학교 생활에 적응하지 못해서 고1 때 자퇴했다. 그녀에게는 음악이 유일한 친구이며 삶의 탈출구였다고 한다. 그녀는 높은 음악성을 보여주었다. 노래도 잘했고, 자신이 작사·작곡한 곡을 통기타를 치며 멋지게 불렀다. 피아노 연주도 수준급이어서 보는 사람들의 마음을 사로잡았다.

사람들은 감동을 원한다. 스마트폰이나 태블릿 PC를 보아도 이제는 기능적인 도구가 아니라 서로의 마음과 감성을 나누는 도구가 되었다. 존재감이 없었던 기아자동차가 K시리즈를 내놓으며 성공하고 있는 것도 기능적인 우수함보다는 사람들의 마음을 사로잡은 멋진 디자인 때문이다. 창의성의 결과는 사람의 마음을 움직인다. 그래서 창의적인 사람이 감동을 만드는 것이다.

★ Exercise ★

자신이 감동받았던 경험을 적어보자. 감동을 주었던 이야기, 제품, 사람을 떠올려보자. 자신이 감동받았듯이 다른 사람도 감동받는다는 것을 생각하며, 자신이 어떤 것에 감동받는지를 적어보자.

02

표정을 숨기는 '포커페이스'는 더 위험하다

> 인간은 가장 중요한 곳으로 가장 중요한 일을
> 한다. 따라서 인간은 심장으로 생각한다.
> — 아리스토텔레스

옛날 이스라엘의 왕이었던 다윗은 자신의 감정을 조절하는 것이 중요함을 깨달았다. 자신이 전쟁에서 큰 승리를 하면 그 기쁨의 감정을 조절하지 못해 화가 생기고, 전쟁에 패해 고독과 절망에 빠지면 그것 역시 화가 되는 것이었다. 그는 보석 세공인을 불렀다.

"나를 위해 반지를 만들고 그 반지에 글귀를 하나 새겨 넣으라. 그 내용은 내가 승리했을 때 기쁨에 취해 자만해지지 않게 하고, 또한 동시에 절망에 빠져 있을 때 수렁에서 건져줄 수 있는 그런 글이어야 하느니라."

보석 세공인은 왕의 명령대로 아름다운 반지를 하나 만들었다. 그러나 적당한 글귀가 생각나지 않았다. 고민을 하다가 그는 지혜롭기로

소문난 솔로몬 왕자를 찾아갔다. '기쁨을 절제해 주고, 동시에 낙담을 격려해 줄 수 있는 말'을 알려달라는 그에게 솔로몬은 바로 대답했다. "이것 또한 곧 지나가리라."

인간은 감정의 동물

인간이 동물과 구별되는 가장 큰 특징 중 하나가 감정이다. 감정이 있다는 것은 매우 큰 능력이며, 인간이 만물의 영장이 되고 지구에서 번성할 수 있었던 결정적인 요인이다. 인간이 이룬 문명의 많은 부분은 인간이 지적인 사고를 하면서도 감정을 품고 감정을 표현하는 능력이 있었기에 가능했다.

대부분의 사람들은 감정을 느끼고 표현하는 것을 본능에 가까운 것, 동물과 비슷한 특징이라고 생각하는 경향이 있다. 그러나 동물들 중에도 고등동물만이 감정이 있고, 감정을 표현하거나 조절하는 것은 인간만의 능력이다.

영화에서 본 한 장면으로, 악어 쇼를 하던 악어가 분을 참지 못하고 사람을 무는 걸 본 기억이 있다. 그러나 그런 장면은 실제와는 다른 것이다. 악어는 화를 내지 않는다. 악어와 같은 파충류는 화를 내고 감정을 조절하는 두뇌의 변연계가 퇴화되었다. 따라서 악어는 감정이 없는 동물이다. 인간만이 감정을 표현하고 조절한다.

사람들은 감정을 생각과 동떨어진 것으로 여기지만, 사실 감정은 생각에 매우 큰 영향을 주는 요소여서 감정도 생각의 한 부분으로 받아들이는 것이 좋다. 다시 말해, 감정은 우리의 생각에 매우 큰 부분을 차지한다. 사람들은 가끔 갈등 상황이나 매우 중요한 결정을 내려야 하는 특수한 상황에서 감정을 배제하고 판단하려 한다. 그러나 감정을 사고 과정에서 배제한다는 것은 불가능하다. 우리가 논리적으로 사고하고 판단한다고 할 때 감정이 배제된다고 생각하지만, 그것은 잘못된 생각이다. 감정을 배제하고 판단한다고 하는 것은 자신도 모르게 거짓말을 하는 것이다.

우리는 감정을 배제하고 논리적으로 판단하는 사람을 높이 평가하는 경향이 있다. CEO는 도박판에서 표정을 숨기듯 '포커페이스'를 보여야 더 능력 있는 사람으로 대우받는다. 그러나 인간은 감정을 배제할 수 없다. 감정을 그저 배제하는 척만 할 수 있을 뿐이다. 그런데 오히려 그것이 더 위험하다. 감정을 배제하는 것처럼 보이지만, 결국 자신의 감정을 논리로 포장하는 것이기 때문이다.

따라서 생각을 할 때나 회의를 할 때는 자신의 감정을 드러내는 시간을 갖는 것이 필요하다. 그 방법으로는 PMI를 사용하는 것이 좋다.

PMI란 장점(Plus) · 단점(Minus) · 흥미로운 점(Interesting)을 의미하며, 한 번은 장점만 생각하고, 한 번은 단점만 생각하고, 또 한 번은 흥미로운 점만 생각하는 생각의 기술이다.

- 먼저 자유로운 의견을 듣는다.
- 모든 사람들이 각각의 의견에 대한 장점을 생각한다.
- 모든 사람들이 각각의 의견에 대한 단점을 생각한다.
- 모든 사람들이 각각의 의견에 대한 흥미로운 점을 생각한다.
- 자유롭게 이야기하며 정리한다.

여기서 흥미로운 점을 이야기하는 시간에 개인적인 감정도 솔직하게 말하는 기회를 마련하는 것은 매우 유용하다. 그 사람의 감정은 그 사람의 생각에 매우 큰 영향을 주기 때문에 감정을 반드시 반영하는 것이 좋다.

예들 들어 어떤 의사 결정을 할 때 자신의 주관적인 느낌을 표현하는 것이다. '나는 왠지 모르게 그런 결정이 좀 이상해', '그 회사와 계약하는 것이 나는 정말 싫어. 싫은 기분이 드는 것을 어떻게 표현해야 할지 잘 모르겠지만 그 회사는 느낌이 좋지 않아' 등과 같은 자신의 개인적인 감정을 표현하는 것이 더 좋은 판단을 얻는 길이다. 공식적으로 이런 시간을 갖지 않는다면 사람들은 누구나 자신의 감정을 교묘하게 포장하여 반영하려고 하고 이는 더 큰 오해를 불러일으킬 수 있다.

혼자서 자신의 생각을 정리할 때도 자신의 감정을 객관화하는 것이 좋다. 어떤 여자는 자신이 만나는 남자 3명을 놓고, 각각의 남자들과 결혼했을 때의 장점·단점·흥미로운 점을 종이에 적으며 결혼 상대를 골랐다고 한다. 자기 주변의 사소한 일에도 PMI를 대입하여 생각을 정리해 보는 것도 좋은 방법이다.

 ## 감정이 풍부해야 능력 있는 사람이다

우리가 고정관념에서 벗어나지 못하는 가장 큰 이유는 감정의 틀을 깨지 못하기 때문이다. 사실, 합리적으로 생각하고 논리적인 판단을 하는 것은 그리 어려운 일은 아니다. 반면에 감정을 조절하고 감정의 틀을 벗어나 생각하는 것은 매우 어려운 일이다.

그래서 자신을 계발하고 싶은 사람이라면 논리력이나 합리적인 사고력보다 먼저 감정을 조절하고 자신의 감정의 틀을 벗어나는 훈련을 하는 것이 필요하다.

자신이 하는 많은 합리적인 생각도 사실은 감정에 의해 조정된 것이라는 것을 알아야 한다. 우리가 자주 경험하듯이 좋아하지 않는 사람이 하는 말은 대부분 틀린 말이 많고 억지가 많다고 여긴다. 반면에 좋아하는 친구가 하는 말은 남들이 궤변이라고 하더라도 그 뜻을 충분이 이해할 수 있는 경우가 많다.

다음 사진을 보자. 사막을 건너는 낙타들이 무리를 지어 가고 있다. 그런데 사진을 다시 한 번 자세히 살펴보라. 우리가 처음에 낙타라고

낙타 그림자(ⓒGeorge Steinmetz/National Geographic Stock)

봤던 것은 사실 낙타가 아니라 낙타의 그림자다. 하얗게 반사된 것처럼 보이는 것이 실제 낙타이고, 검은 것은 그림자다. 이 사진은 사막을 횡단하는 헬리콥터에서 찍은 것이다. 그림자가 길게 생긴 것으로 미루어 짐작하면, 아마 오후 4시에서 5시로 넘어가는 때일 듯하다. 낙타를 본다는 감정이 고정관념을 만들어 자신이 보는 것이 그림자인지 진짜 낙타인지를 구별하지 못하게 하고 있는 것이다.

사람은 누구도 감정의 지배 없이 생각할 수 없다. 그래서 더 합리적인 생각을 하기 위해서는 아예 자신의 감정을 배제하고 생각하겠다는 태도를 버리고, 오히려 자신의 감정이 어떤 이야기를 하고 있는지를 객관적으로 판단해야 한다. 자기 감정의 틀을 인정하고 그것을 어느 정도 객관화해야 한다. 그래야 감정의 틀에서 자유로울 수 있고 생각의 틀을 바꿀 수 있다.

옛날 그리스인들은 사람은 심장으로 생각한다고 믿었다고 한다. 실제로 사람을 많이 해부했던 아리스토텔레스도 그렇게 생각했다. 인간이 동물과 구별되는 가장 중요한 특징은 생각하는 것이고, 인간의 신체기관 중 가장 중요한 곳은 심장이라고 여겼다. 아리스토텔레스가 심장을 가장 중요한 신체기관으로 본 이유는 전쟁터에서 심장을 찔리는 병사들이 바로 죽는 것을 보면서부터라고 한다. 아무튼 그는 심장이 인간의 가장 중요한 신체기관이라고 보고 이런 결론을 내렸다고 한다. '인간은 가장 중요한 곳으로 가장 중요한 일을 한다. 따라서 인간은 심장으로 생각한다.'

그의 믿음은 갈렌이란 의사가 새로운 의학 책을 쓰기 전까지 매우 오랫동안 사람들에게 받아들여졌다. 하지만 이제 우리는 생각은 머리로 한다는 걸 안다. 그런데 과학적인 이야기는 아니더라도 어떻게 보면 아직도 아리스토텔레스가 틀리지 않은 것 같다는 생각을 자주 하게 된다. 그의 말을 약간 다른 의미에서 귀담아 들어보자. '많은 사람들은 심장으로 생각한다. 자신의 감정에 지배당하면서 말이다.'

대인관계에서도 사람들은 자신의 감정 표현을 극도로 제한하곤 한다. 어떤 사람들은 자신도 모르게 '감정이란 표현해서는 안 되는 것'이라고 믿는다. 적어도 감정을 표현하지 않는 사람이 더 강한 사람이라고 믿는다.

그러나 그것은 고정관념일 뿐이다. 힘들다고 말하거나 눈물을 흘리며 우는 것은 바보나 하는 짓이 아니다. 인간이기 때문에 그런 상황은 누구에게나 있고, 그것을 굳이 숨기려는 사람이 있는 것뿐이다. 숨길 필요가 없는 것을 숨기고 그것이 매우 큰 능력인 것처럼 생각한다. 감정의 함정에 빠진 것이다.

감정이 풍부한 사람은 나약한 사람이 아니라 능력 있는 사람이다. 반대로, 감정이 부족하고 무뚝뚝하고 칭찬에 인색하며 재미있는 대화를 만들어내지 못하는 것은 무능이다. 감정적인 교류에 서툰 것은 필요한 능력이 부족한 것이다.

감정의 함정에서 벗어나 자신의 감정을 풍부하게 표현하는 능력을 키워야 한다. 그것은 매우 중요한 능력이다.

　최근 눈물을 흘렸던 것은 언제인가? 너무 좋아 고래고함을 지른 적은 언제인
가? 감동을 받아 한동안 말을 못 했던 적은 있나? 자신의 감정을 가장 크게 표출
했던 기억을 떠올려보자. 만약 그런 기억이 없다면 의도적으로 감정을 표현해 보
자. 더 많은 감정 표현이 더 큰 마음의 풍요로움을 느끼게 해줄 것이다.

03

공감이 문제를 발견한다

삶에서 가장 중요한 질문은 "다른 사람을
위해 무엇을 하고 있습니까?"라는 질문이다.
— 마틴 루터 킹

　사람들이 창의성을 활용하고 싶어 하는 영역은 크게 두 가지로
나눌 수 있다. 하나는 주어진 문제를 창의적인 방법으로 해결하는 것
이고, 다른 하나는 사람들이 문제라고 인식하지 못하는 것을 창의적
으로 바라보며 새로운 기회를 발견하는 것이다.
　많은 사람들이 주어진 문제를 창의적으로 해결하는 것에 초점을 맞
춘다. 하지만 기회를 발견하고 행운을 거머쥐는 창의적인 사람들의
진짜 능력은 문제를 발견하는 것에 있다. 다른 사람들이 문제라고 여
기지 않는 것을 민감하게 생각하며 무엇인가 새로운 문제를 발견하는
것에 더 많은 기회와 행운이 있기 때문이다.
　새로운 문제를 발견하는 데서 가장 중요한 것이 바로 감정적으로

느끼고 공감하는 것이다. 다른 사람의 마음을 보는 데에 새로운 문제를 발견하는 길이 있다. 감정적으로 공감하고 상대와 같이 느끼는 것에서 창조가 시작되는 것이다.

공감이 창조의 시작

1847년 에든버러 대학의 산부인과 교수였던 제임스 심프슨은 마취제인 클로로포름을 발견했다. 그가 마취제를 발견하게 된 것은 환자들의 고통에 공감하며 안타까워했기 때문이었다. 당시의 의사들은 수술의 고통을 당연한 것으로만 받아들였다. 환자의 고통에 안타까워하지도 않았고, 자신과 상관없는 일로만 여겼다.

하지만 제임스 심프슨은 환자들의 고통을 안타까워하며 공감했다. 그래서 그는 마취 물질을 찾기 시작했고, 결국 1847년 클로로포름을 발견하게 되었다. 실제로 그가 마취제인 클로로포름을 발견한 것은 훨씬 더 이전이었다고 한다. 마취 물질을 발견했지만, 부작용이 있을까 봐 임상 실험을 할 수 없었던 것이었다.

그는 굳은 각오를 하고 자신이 직접 실험 대상이 되었다. 그것이 고통받는 환자를 위해 자신이 할 수 있는 일이라고 생각한 그는 클로로포름 액체를 코에 갖다 대고 깊이 숨을 들이마셨다. 잠시 후 술에 취한 사람처럼 웃고는 깊은 잠에 빠졌다가 아무렇지도 않은 듯 깨어난 심프슨은 클로로포름이 안정된 마취제라는 것을 증명하고 환자들에게 사용했다고 한다.

한 진정어린 의사의 공감에서 시작된 위대한 발견이 환자는 잠자듯

렘브란트 〈다윗 왕의 편지를 들고 있는 밧세바〉(1654)

누운 채로 고통을 느끼지 못하고, 의사는 여유 있게 수술을 할 수 있는 시대를 열게 한 것이다.

새로운 기회를 발견하고 남들이 문제라고 여기지 않는 것에서 문제를 발견하는 힘은 공감하고 상대의 감정을 파악하는 능력에서 생긴다. 위 그림을 보자.

이 그림은 렘브란트 〈다윗 왕의 편지를 들고 있는 밧세바〉라는 작품이다. 그녀는 다윗 왕의 부인이 되고, 솔로몬 왕을 낳는다. 그녀는 다윗의 부하인 우리아라는 장수의 아내였다. 그렇지만 그녀를 보고 첫눈에 반한 다윗은 그녀와 하룻밤을 보낸다. 그리고 그녀가 아이를 임

신했다는 사실을 알고 부하인 우리아를 험한 전쟁으로 내몰아 죽음에 이르게 한다. 결국 다윗은 그녀를 아내로 들인다. 이것이 성경에 나오는 이야기다.

이 그림은 남편이 있는 밧세바에게 다윗이 왕이라는 힘을 이용하여 하룻밤 잠자리에 오라는 편지를 보냈고 밧세바는 어쩔 수 없이 목욕하고 갈 채비를 하는 상황을 그린 것이다.

나는 이 그림을 별 생각 없이 봤었다. 그런데 언젠가 한 친구가 이 그림에 대해 내게 이렇게 말했다.

"정말 애절하지 않냐? 저 눈빛을 봐!"

"뭐가?"

"저 얼굴 표정 말이야! 남편이 있는 여자로서 다른 남자와 하룻밤 잠자리를 한다는 것은 있을 수 없는 일인데, 왕의 명령이기에 어쩔 수 없이 따라야 하는 자신의 처지에서 고뇌하는 눈빛 말이야!"

"얼굴 표정? 뭐 얼굴이 미인도 아니잖아. 몸매도 별로고."

나의 말에 그 친구는 그녀가 손에 들고 있는 종이는 분명 다윗의 편지이고, 그녀의 발을 닦고 있는 하녀가 무표정한 것은 단지 자신의 일에만 충실하면 그만이지 문제에 개입하고 싶어 하지 않는 인간의 심리를 나타낸 것이라고 했다. 그 친구는 이 그림을 보며 감정적인 느낌으로 관찰하고 발견하고 있었다.

그런 것이 문제를 발견하는 힘이다.

상대에 대한 배려와 관심이 문제를 발견한다

상대의 작은 표정까지 읽는 사람들이 있는데, 나는 세심한 편도 아니고 그런 것에 무관심한 부류이다. 무관심하다기보다는 무뎌서 잘 알아채지 못한다. 그런데 다른 사람이 느끼는 작은 감정까지 잘 알아채는 사람이 새로운 것을 발견할 수 있고, 문제를 생각보다 쉽게 해결하며, 새로운 창조도 할 수 있다.

어떤 작가가 창의력은 이성적이고 합리적인 생각에서 만들어지기보다는 사람에 대한 관심과 애정, 그리고 배려에서 만들어진다고 한 것을 읽은 적이 있다. 요즘 그의 지적이 정말 정확하다는 생각을 하곤 한다. 다른 사람에 대한 관심과 배려가 있는 사람이 상대에 민감하다. 그렇게 상대에게 민감할 때, 상대에게 더 잘 대해줄 수 있다. 그리고 그런 민감함은 다른 사람이 원하는 것이나 문제가 될 만한 것을 잘 파악하게 해서 더 창의적으로 대처할 수 있는 밑바탕이 된다.

경제활동을 하는 사람들이 많이 하는 말 가운데 공급자 입장이 아닌 수요자 입장에서 생각하라는 말이 있다. 선생님은 자신의 지식이 아닌 학생의 지식을 고려하고 설명해야 학생을 제대로 이해시킬 수 있다.

회사의 상사는 신입사원의 상황과 능력을 고려하여 업무를 맡겨야 한다. 자신은 업무에 숙달되어 있고 사회 경험도 많은데, 자신이 처리하는 것과 비슷한 수준의 일을 신입사원에게 요구한다면 신입사원은 그 일을 감당하기 어려울 수밖에 없다.

회사가 소비자들에게 환영받는 인기 제품을 만들고 싶다면 소비자에 대한 관심과 애정으로, 소비자를 진정으로 위하는 마음으로 제품에 대해 고민해야 더 좋은 제품을 만들 수 있다. 어떻게 생각하면 당연한 것인데, 사람들은 그것을 쉽게 놓치곤 한다.

이런 생각의 출발은 감정이다. 관심, 애정, 배려는 기본적으로 감정적인 것이다. 문제를 해결하고 새로운 것을 창조하는 작업은 철저한 분석과 합리적인 생각으로 완성된다. 하지만 그 출발점은 언제나 감정이고, 감성적인 활동이다. 일단 출발이 있어야 완성도 있다. 중요한 것은 감정적인 것에서 출발하는 것이다.

다음 사진의 물통을 보자. 이것은 '히포 롤러(hippo roller)'라고 하는 물통으로 아프리카의 아이들을 위해 디자인된 것이다.

이 사진은 상대에 대한 애정이 창의적인 아이디어의 출발점이라는 것을 보여준다. 아프리카의 어린이들은 하루에 14시간 이상씩 일을

아프리카 아이들을 위해 만들어준 히포 롤러 물통

한다고 한다. 그들이 하는 대부분의 일은 물을 길어 오는 것이다. 물이 부족하고 땅을 파도 물이 나오지 않아서 아프리카에서는 아이들이 하루 종일 물을 길으러 다닌다고 한다. 그런 아이들에게 쉽게 물을 운반할 수 있는 물통을 만들어준 것이다.

다른 어떤 물통보다 이 물통은 멋진 디자인이다. 그 이유는 그 물통을 사용하는 사람에게 전에 없던 큰 행복을 주기 때문이다. 그들의 고통을 깊이 이해하고 그것을 해결하고자 하는 마음이 이런 디자인을 있게 한 것이다.

 ## 판단이 어려울 때는 마음가는 대로

『돈키호테』에는 이런 이야기가 나온다. 돈키호테의 유일한 추종자 산초 판사는 어떤 섬의 태수가 된다. 진실을 소중하게 여기는 산초 판사는 다음과 같은 매우 엄격한 법령을 발표한다.

"이 섬을 방문하는 모든 사람에게는 '무엇 하러 여기에 왔느냐?'라고 묻는다. 진실을 말하는 사람은 문제없이 통과시킨다. 하지만 거짓말을 한다면 바로 교수형에 처한다."

어느 날, 한 남자가 국경을 넘어왔다. 그에게 무슨 일로 왔냐고 병사가 물었다. 그는 "나는 교수형을 당하러 이곳에 왔다"라고 했다. 병사는 당황했다. 만약 이 남자를 그냥 통과시키면 그는 거짓말을 한 것이 된다. 따라서 그를 처형해야 한다. 하지만 그를 처형하면 그는 진실을 말한 것이 되기 때문에 그를 처형할 수 없다. 어찌 할 바를 몰랐던 병사는 이 문제를 해결하기 위해 신임 태수 산초 판사에게 의견을 물으러 갔다. 당신이라면 어떤 판결을 내리겠는가?

이 상황은 누구도 쉽게 결론을 내리기 힘들다. 여기에는 순환논리가 들어 있다. 이를테면 A의 집을 찾는 사람에게, "A의 집은 B의 옆집이고, B의 집은 A의 옆집이야"라고 말하는 것과 비슷한 것이다. 논리적으로만 생각하면 답을 내리기 힘든 이야기다.

이럴 때는 논리가 아닌 정황이나 상황이 더 중요한 판단 요소가 되어야 한다. 합리적인 논쟁보다 다른 요소가 더 중요한 것이다. 그런데 『돈키호테』에서 이 질문에 대해 매우 현명한 판단을 제시하고 있다. 앞의 질문을 한 번 들어서 이해하지 못했던 산초 판사는 이야기를 몇 차례나 반복시켰다. 그러고 나서 그는 이렇게 말했다.

"국경을 넘어온 그 남자를 그냥 무사히 통과시켜라. 그 이유는 선을 베푸는 것이 악을 베푸는 것보다 낫기 때문이다. 이것은 내가 머리를 쥐어짜서 내린 결론이 아니다. 내가 이 섬의 태수로 오기 전날 밤에 내 주인님 돈키호테가 수차례 나에게 가르쳐주었던 마음가짐의 하나가 생각났기 때문이다. 그것은 판단하기 어려울 때에는 자비의 길을 취하라는 것이다."

돈키호테는 우리에게 감성의 중요성을 이야기한다. 합리적이고 이성적인 눈으로만 보면 돈키호테의 삶은 무모하고 바보 같은 삶이지만 우리는 분명 그의 삶에서 인생의 진실을 배울 수 있다. 안주하고 소극적으로 머무는 합리적인 태도보다는 순수하게 자신의 마음을 따르라고.

A, B, C가 사막을 횡단하고 있었다. A는 C를 살해할 목적으로 C의 물병에 독을 탔다. B 역시 C를 살해하기 위해, A가 독을 탄 것을 모르고 C의 물병에 구멍을 내어 결국 C는 사막에서 목이 말라 죽었다. 이 사건에서 C를 죽인 살인범은 누구인가?

A는 C가 죽은 원인은 결국 B가 물병에 구멍을 내어 C가 사막에서 물을 한 모금도 못 먹어서 죽었다고 주장한다. 반면에 B는 자신이 물병에 구멍을 뚫어 물을 없애지 않았어도 그 물은 이미 독이 든 물이어서 C는 어차피 죽을 것이었기 때문에 진짜 범인은 A라고 주장한다.

당신이 재판관이라면 누구를 범인이라고 하겠나?

→ 논리적으로 A, B 중 한 사람을 범인이라고 지목하기는 어려운 상황이다. 분명한 사실은 현실에서 이와 비슷한 사건이 발생한다면 판사에게 감정적인 호소를 하는 사람이 더 유리한 상황에 서게 된다는 것이다.

영역의 틀을 깨라

7

01

다른 영역의 아이디어를
그대로 옮겨 오라

좋은 경치는 먼 곳에 있는 것이 아니다.
—『채근담』

무하마드 알리는 최고의 권투 선수였다. 그는 권투만 잘한 것이 아니라 많은 관중을 끌어 모으는 최고의 흥행 카드였다. '나비처럼 날아서 벌처럼 쏜다'라는 그의 말 한마디 한마디는 지구 반대편에 살고 있는 어린이들에게도 뉴스거리가 되었다. 그는 '이번 경기에서는 7회에 상대를 KO시키겠어! 잘 봐두라고!'라는 등의 큰소리로 흥행을 만들었다.

그런 그를 떠버리 알리라고 말하면서도 사람들은 그의 경기에 집중했다. 정말 그가 자신이 말한 대로 상대를 KO시키는지 궁금하기도 했다. 물론 그 말을 지키지 못해도 경기를 지배한 그는 사람들의 영웅이 되었다.

알리가 처음부터 그런 스타성이 있었던 것은 아니다. 젊은 청년 알리는 공손하고 예의 바른 평범한 권투 선수였다. 초창기 그는 루이빌에서 경기를 했는데 지역 스포츠 토크쇼에 출연한 적이 있었다. 그 쇼에 같이 출연한 사람 가운데 조지라는 프로 레슬링 선수도 있었는데, 알리가 출전하는 권투 경기가 열리는 다음 날 조지는 같은 링에서 프로 레슬링 경기에 출전했다고 한다.

쇼에서 알리는 사회자의 질문에 공손하게 모범 답안을 읽는 사람처럼 '최선을 다하겠습니다'라는 식의 평범하고 누구나 예상하는 답변을 했다. 그다음에 사회자는 프로 레슬링 선수인 조지에게 경기에 대한 비슷한 질문을 던졌다. 그런데 그는 옆에 있던 알리가 깜짝 놀랄 만큼 "다 죽었어! 죽음의 공포를 느끼게 하겠어!"라며 고래고함을 지르고 스튜디오에서 날뛰었다고 한다.

그날의 기억이 알리에게는 매우 인상적인 경험이 되었다. 왜냐하면 알리는 경기에서 매번 상대를 깔끔하게 때려눕혔지만, 그의 경기를 보러 온 사람은 4,000명에 불과했다. 반면에 그다음 날 조지의 프로 레슬링 경기에는 무려 1만 3,000명이나 왔다.

이 일로 알리는 자신이 무엇을 해야 하는지 아이디어를 얻었다. 프로 권투 선수인 그는 권투만이 아닌 흥행을 일으켜야 한다는 사실을 깨달은 것이다.

그 일이 있고 얼마 지나지 않아 알리는 큰소리를 치기 시작했다. 상대를 조롱하기도 하고, 자기가 잘생겼다고 하기도 하고, 몇 라운드에 상대를 KO시키겠다는 등의 말을 떠벌리기 시작했다. 프로 레슬링의 쇼맨십을 프로 권투에 가져온 것이다.

모방은 학습이자 경험이고 배우는 것

다른 업종에서는 일상적인 아이디어가 자신의 업종에서는 새로운 아이디어가 되는 경우가 매우 많다. 프로 레슬링에서는 선수들이 큰 소리로 떠벌리는 것이 매우 일상적인 일이지만 프로 권투에서는 그렇지 않았다. 그저 알리가 프로 레슬링 선수처럼 따라한 것일 수도 있다. 하지만 그것은 프로 권투에서는 매우 독특한 행동이다. 아리스토텔레스는 '모방은 창조의 어머니'라고 했다. 그는 우리가 만드는 모든 예술은 모방을 거쳐서 만들어야 한다고 충고했다. 그의 말은 무조건 남의 것을 베끼라는 말은 아닐 것이다.

어떻게 보면 모방은 학습이고 경험이고 배우는 것이다. 일반적으로 모방이라고 하면 좋은 뜻으로 받아들여지지 않는다. 특히 표절이라고 하면 우리가 살고 있는 저작권 시대에는 법적인 제재를 받게 된다. 그래서 사람들은 남과 절대적으로 다른 것, 세상에는 없는 것에 관심을 갖는다. 하지만 세상에 없는 것은 없다.

독특한 것을 만드는 가장 좋은 방법은 다른 분야에 있는 아이디어를 가져오는 것이다. 같은 분야에서 남의 아이디어를 똑같이 쓰면 때로는 표절이 되고, 표절까지는 아니어도 하찮은 것이 되지만, 분야가 다른 곳의 아이디어를 가져오면 멋진 창조가 된다.

포드 자동차를 만든 헨리 포드의 재산은 지금의 가치로 1,881억 달러 정도라고 한다. 이것은 재산이 580억 달러인 빌 게이츠를 훨씬 앞서는 것으로 인류 역사상 재산 순위에서 10등 안에 드는 매우 높은 수치다. 핸리 포드가 그렇게 부자가 된 것은 포드 자동차의 최고 히트 상품이었던 '모델 T' 때문이었다. 모델 T는 1908년에 처음 모습을 드러내어 1928년 생산이 중단될 때까지 20년간 총 1,500만 대 이상의 판매 기록을 세운 자동차다. 집집마다 차가 있는 지금의 환경과 다르게 당시의 이 판매 기록은 엄청난 것이었다.

모델 T의 큰 장점은 무엇보다 가격이 파격적으로 싼 것이었다. 포드가 모델 T의 가격을 혁명적으로 낮출 수 있었던 것은 대량생산 기법인 이른바 포드 시스템을 도입했기 때문이다. 포드 시스템은 생산 공정을 표준화하고 분업화하고 이동조립법을 도입한 것이다. 이동조립법은 '사람이 일에 가는 것'이 아니라 '일이 사람에게 오는 것'이라는 포드의 아이디어를 실현시킨 생산 시스템이다.

기존에는 사람들이 차를 만들며 필요한 부품을 가져다 조립했던 것을 포드는 차체를 실은 컨베이어벨트가 돌아 작업자를 지나가며 조립이 완성되게 했다.

컨베이어 시스템은 포드가 우연히 방문한 정육점에서 착상했다고 한다. 정육점에서는 고기의 부위를 구분하여 포장할 때 작업자의 머리 위쪽에 고기를 걸어 이동시킬 수 있는 갈고리 걸이를 만들어두고, 여러 사람이 분업하고 있었다. 첫 번째 사람이 갈비살을 구분하여 잘라낸 다음 고기를 갈고리에 걸어서 옆으로 밀면, 그다음 사람은 안심살을 잘라내고, 또 그다음 작업자에게로 고기를 이동시키는 식의 작업 방법이었다.

포드는 이 장면을 보고 작업대에서 한 사람이 자동차 엔진을 장착하면 그다음 사람이 타이어 바퀴를 끼운다든지 하는 식의 분업을 생각하게 되었다. 그리고 사람이 고기를 손으로 밀어서 옆으로 옮기는 것 같은 방식 대신 자동으로 움직이는 벨트를 장착해 한 작업이 끝나면 작업대가 자동으로 다음 작업자가 있는 곳으로 움직이는 컨베이어 시스템을 개발한 것이다. 포드는 이러한 자동화로 자동차를 싼 값에 대량생산할 수 있게 되었고 세계 제일의 자동차 왕이 되었다. 이러한 컨베이어 시스템은 오늘날까지도 보편적으로 이용되는 방법이다.

다른 영역에서 아이디어를 가져오면 창조가 된다

포드는 정육점에서 이미 사용하고 있던 컨베이어 시스템을 자동차 생산에 도입했다. 이것은 아이디어와 창조를 만들어내는 가장 현명한 방법이다. 이렇게 이미 다른 분야에서 사용되고 있는 아이디어를 자신의 분야에 도입하는 것이 바로 새로운 발명이고 창조다.

창의적이고 독창적이라는 것은 세상에 없는 완전히 새로운 것을 의미하는 것이 아니다. 독창적인 것이란 주어진 상황에서 새롭고 특색 있는 것을 말한다. 그래서 일반적으로 이미 다른 분야에서는 익숙한 아이디어지만 자신의 영역에서는 아직 사용되고 있지 않는 아이디어를 적용하는 것이 바로 독창적인 아이디어이다.

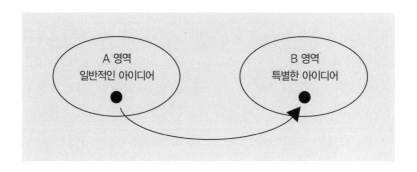

같은 분야에서 일을 잘하는 방법을 배우는 것을 '벤치마킹'이라고 한다. 잘나가는 회사의 방법을 자신의 회사에 적용하는 것은 매우 큰 도움이 된다. 개인도 마찬가지다. 공부를 잘하고 싶은 평범한 학생이 전교 1등의 공부 방법을 배우려고 하는 것처럼, 자신이 일하는 분야의 전문가들이 어떻게 일하는지 배우는 것이 그 일을 가장 빨리 배우는 방법 중 하나다.

벤치마킹이 일을 잘 배우고 빨리 배우는 방법이라면, 자신의 분야가 아닌 다른 분야의 아이디어를 가져오는 것은 독창적인 아이디어를 만드는 가장 쉬운 방법이다.

영국의 '막스앤스펜서'라는 회사는 샌드위치 사업을 시작했다. 그런데 샌드위치를 대량으로 만들어야 하는데 빵에 버터를 바르는 것이 문제였다. 이 회사의 식품기술팀장인 즈와넨버그는 이 문제의 아이디어를 침대 시트를 만드는 회사에서 찾았다. 즈와넨버그는 어느 날 우연히 침대 시트 납품업체를 방문했다. 그 회사에서 그는 실크스크린 공정을 이용해 시트에 무늬를 장식하는 것을 보았다.

같은 원리를 빵에 버터를 바르는 작업에 적용할 수 있을 것 같다는 아이디어를 얻은 즈와넨버그는 몇 번의 실험으로 빵에 버터를 바르는 작업을 성공시켰고, 지금 막스앤스펜서는 영국에서 샌드위치를 가장 많이 파는 회사가 되었다. 이렇게 아이디어를 얻은 기업이나 개인의 사례는 무수히 많다.

1961년 미국 대통령 존 F. 케네디는 취임 연설을 준비하며 로마의 철학자 세네카의 명언 '만약 네가 사람들에게 사랑을 받고 싶거든, 네가 먼저 사람을 사랑하여야만 한다'에서 아이디어를 찾았다고 한다.

세네카에게 빌린 아이디어로 케네디는 자신이 미국 국민들에게 심어 주고 싶은 취임 연설을 만들었다.

"국가가 나를 위해 무엇을 해야 하는지 묻지 말고 내가 국가를 위해 무엇을 할 것인지 물어보십시오(Ask not what your country can do for you; ask what you can do for your country.)."

다른 분야의 아이디어를 자신의 분야에 적용해 보자. 창의성이란 대단한 것이 아니다. 다른 분야에서는 이미 널리 알려진 아이디어라도 그것을 자신의 상황에 적용하는 것이 바로 창의성이다. 주어진 상황에서 독창적인 것이 창의성이다.

★ Exercise 1 ★

다음의 사람들은 서로 어떤 아이디어를 얻을 수 있을지 생각해 보자.

- 산부인과 의사와 연극배우
- 프로게이머와 소방관
- 가수와 선생님
- 대학생과 국회의원
- 택시 기사와 증권 브로커
- 작은 음식점 주인과 경찰
- 스님과 유치원 선생님
- 세일즈맨과 대학교수

★ Exercise 2 ★

케이크 하나를 아이 둘에게 공평하게 나눠주는 방법으로는 어떤 것이 있을까?

→ 케이크를 나눌 때에는 아무리 정확하게 나눈다고 하더라도 정확하게 둘로 나눌 수는 없다. 그래서 케이크를 공평하게 둘로 나누는 가장 일반적인 방법은 '한 명이 자르고, 자르지 않은 사람이 먼저 선택하는 것'이다. 이렇게 하면 케이크를 자른 아이는 상대방이 큰 케이크 조각을 가져간다고 해도 자신이 그것을 나누었으니 불평할 수 없고 선택권을 가진 아이는 두 개의 케이크 조각 중 어느 것이든 먼저 고를 수 있으니 역시 불평이 있을 수 없다.

이 단순한 아이디어는 협상의 가장 기본적인 아이디어다. 협상이란 나의 이익만을 극대화하는 것이 아니다. 서로가 합리적으로 이해할 수 있는 방식이어야 한다. 그래서 케이크를 나누는 이 방법은 국가 간의 협상에도 기본적으로 적용된다.

이 협상의 원리를 적용하여 맞벌이 신혼부부가 가사 분담을 어떻게 하면 공평하게 할 수 있을지 아이디어를 만들어보자.

→ 집안 일의 리스트를 만들어서, 한 사람이 집안 일을 크게 두 가지로 나누고 나누지 않은 사람이 먼저 선택한다.

02

두 가지 이상을 섞어라

> 상상력은 지식보다 중요하다.
> — 알베르트 아인슈타인

백남준의 예술과 사상을 매우 잘 표현한 작품 중 하나가 1974년 작 〈TV부처〉라는 작품이다. 부처가 텔레비전 앞에 앉아 텔레비전을 보고 있는데, 텔레비전에는 부처의 모습이 보인다. 매우 단순하다. 텔레비전 모니터 위에 카메라가 있어서 부처를 찍어서 텔레비전에 전송하면 화면에는 부처가 보인다. 나르시시즘 같기도 하고 자기성찰 같기도 한 이 작품은 백남준의 대표작으로 뽑힌다.

이 작품은 텔레비전과 부처라는 어울리지 않는 것을 연결하여 독특함을 만들고 있다. 이 작품 속에는 동양과 서양, 불교와 과학, 명상과 예술 등 서로 다른 영역에 존재하는 것이 만나며 독특한 새로움을 만들고 있다. 이렇게 서로 다른 영역의 것들이 만날 때 새로운 창조가

백남준 〈TV부처〉 (1974)

이뤄진다.

부처와 텔레비전이 대화를 하는 것 같기도 한 이 작품은 비디오 카메라가 부처를 촬영하여 텔레비전 모니터에 내보내고 그것을 부처가 보며 또다시 비디오 카메라가 그 모습을 촬영하여 텔레비전에 내보내어, 무한히 돌고 도는 불교의 윤회와 같은 메시지를 전해주기도 한다.

창조 공식1: 요리하듯이

백남준이 예술과 과학의 만남에서 독창적인 새로움을 만든 것처럼, 창조의 기본 공식은 서로 다른 것을 섞는 것이다. 이것저것을 섞으면 기존에 없던 새로운 것이 만들어진다. 이것이 창조의 공식이다. 이런 공식을 가장 알기 쉽게 보여주는 것이 바로 요리다.

맛있는 요리라는 것은 기본적으로 좋은 재료 몇 가지를 섞는 것이다. 배추·고추·마늘 등을 섞으면 김치가 된다. 물에 미역과 쇠고기를 넣고 소금을 넣어 끓이면 미역국이 된다. 물에 생선을 넣고 고춧가루 · 파 · 감자 등을 넣어 끓이면 매운탕이 된다. 다른 사람들이 섞지 않던 것을 섞으면 예전에 맛보지 못했던 새로운 맛이 되기도 한다.

우리나라 사람들은 요리를 창조와 매우 비슷한 단어로 사용하기도 한다. 재료를 놓고 '이것을 어떻게 요리하지?'라고 말하는 사람의 마음에는 '어떤 것을 창조할까?'와 같은 의미가 담겨 있다.

이렇게 무엇인가를 조합하여 새로운 것을 만드는 것을 초코파이 정신이라고 한다. 왜냐하면 초코파이가 바로 그렇게 만들어졌기 때문이다. 초코파이는 '빵 + 마시멜로 + 초콜릿'으로 만든다. 이것들이 자연스러운 조합은 아니었지만, 초코파이는 맛있고 포만감을 주며 사람들에게 사랑받고 있다. 서로 다른 것을 섞는 것, 이것이 바로 창조의 법칙이다.

예전에 아이스크림을 팔던 어떤 사람이 아이스크림을 담아 팔던 컵이 떨어져 더 이상 아이스크림을 팔 수 없게 되자, 옆에 있던 와플 가게에서 와플을 몇 개 가져와 거기에 아이스크림을 얹어 팔았다고 한다. 와플에 아이스크림을 대충 얹어 팔았지만 사람들의 반응은 좋았다. 다음 날 사람들은 컵이 아닌 와플에 아이스크림을 담아달라고 주문했고, 그렇게 아이스크림 콘을 만들게 되었다고 한다. 마치 연필과 지우개를 동시에 갖고 다니기 위해 연필 끝에 지우개를 달았던 것이 획기적인 특허 상품이 되었던 것처럼 말이다.

섞을 때는 전혀 상관없어 보이는 것을 섞을수록 더욱더 새롭고 혁신적인 결과를 만들어낸다. 2006년 삼성전자는 보르도 텔레비전을 출시하고 텔레비전 시장의 선두를 달리게 되었다. 보르도 텔레비전은 텔레비전의 외관을 와인 잔과 같은 느낌이 나도록 디자인한 것인데 텔레비전과 전혀 다른 영역에 있던 와인의 이미지를 섞었다. 텔레비전 이름도 프랑스의 유명 와인 산지인 보르도라고 붙였다. 와인과 만난 텔레비전은 전 세계적으로 호응을 얻어 세계 판매 1위를 달리게 되었다.

창조 공식2: 예술가처럼

수학의 역사를 보면, 피타고라스와 데카르트는 수학의 발전에 매우 큰 기여를 한다. 이들이 이룬 것을 개념적으로 설명하면, 그들은 숫자와 그림을 섞은 사람들이다. 피타고라스의 정리는 직각삼각형이 $a^2 + b^2 = c^2$과 같은 공식을 갖는다는 것이다.

피타고라스 이전의 사람들은 숫자는 숫자이고 도형은 도형이었다.

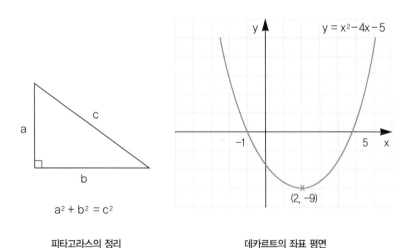

$$a^2 + b^2 = c^2$$

피타고라스의 정리

데카르트의 좌표 평면

숫자와 도형은 서로 연결되지 않았다. 하지만 피타고라스는 도형 안에서 숫자의 규칙을 발견하며 수학의 획기적인 발전에 기여했다. 숫자와 도형을 연결한 또 한 사람은 데카르트다. 데카르트는 x축, y축에 도형을 표현할 수 있게 하여, 문제를 시각적으로 해석해 접근하는 길을 열었다. 숫자와 도형을 연결하며 수학은 혁명적으로 발전했다.

창조를 가장 잘 보여주는 것은 예술가들이다. 예술가들의 창조를 살펴봐도 두 가지 이상의 것을 섞고 조합하는 것이 창조의 공식이라는 것을 확인할 수 있다. 다음 작품은 에드바르트 뭉크의 〈절규〉다. 뭉크는 자신이 겪은 절대 공포를 그렸다고 한다. 그는 보이는 것을 그린

에드바르트 뭉크 〈절규(The Scream)〉(1893)

것이 아니라 자신이 느낀 것, 공황 상태에 빠진 자신의 감정을 그렸다. 실제로 그는 평생 정신적인 장애를 겪으며 그림을 그린 것으로 알려져 있다.

뭉크가 자신의 감정을 그렸다면, 르네 마그리트는 자신의 생각이나 철학을 그린 것으로 유명하다. 뭉크가 '그림 + 감정'이었다면, 마그리

르네 마그리트 〈골콘다(Golconda)〉(1953)

트는 '그림 + 생각'이었다. 그는 우리가 익숙하게 접하는 것들을 낯설게 배치하고 조합하여 놀라움과 신비감을 주는 방법으로 작품을 만들었다.

그가 사용했던 방법을 '데페이즈망(depaysement)'이라고 하는데, 이것은 영어의 'displacement'와 같은 뜻으로 원래 있던 곳이 아닌 다른 곳에 무엇인가를 놓는 것을 의미한다. 우리에게 친숙한 대상을 사실적으로 그리지만, 전혀 엉뚱하게 배치하고 모순되거나 대립되는 요소들을 같이 그려 넣으면서 신비감과 상상력을 만드는 것이다. 익숙한 것을 낯설게 보이게 하려는 목적을 띤다.

'부자데'라는 용어가 있다. 처음보지만 낯설지 않아서 예전에 한 번은 경험했던 것과 같은 느낌을 주는 것을 '데자부(Dejavu)'라고 하는데, 이것을 거꾸로 뒤집은 말이 '부자데'다. 의미도 데자부와 반대로, 이미 경험한 것이지만 그것을 새롭고 처음처럼 느끼는 것을 말한다.

매일 반복되는 일도 다르게 새로운 시각에서 바라볼 때 창조적인 생각을 얻을 수 있다. 익숙한 것을 낯설게 만드는 것이 바로 부자데인 것이다. 마그리트의 작품들은 우리에게 익숙한 것을 낯설게 만들라고 이야기하는 듯하다.

뭉크와 마그리트 외에 또다른 작가를 찾아보면, 예술과 수학을 섞은 에셔와 예술과 우연을 결합한 잭슨 폴록을 살펴볼 수 있다. 다음은 에셔의 〈유리구슬을 든 손〉과 잭슨 폴록의 〈열기 속의 눈〉이라는 작품이다.

에셔의 작품에는 수학적인 의미가 있다. 그는 정교하고 분석적인 작품 활동으로 인지과학자와 물리학자, 수학자들에게 많은 영감을 줬다. 철저한 계산과 정교한 작업으로 작품을 만들었다. 반면, 잭슨 폴록은 그냥 페인트 통에 구멍을 뚫어 물을 붓거나, 붓에 물감을 찍어 뿌리는 방법으로 작품을 만들었다. 우연히 물감이 떨어지고 뿌려진 것이 예술 작품이 된 것이다. 에셔가 그림＋수학으로 작품을 만들었다면, 폴록은 그림＋우연으로 작품을 만든 것이다. 그들은 이전에 다른 사람들이 섞었던 것과 다른 것을 섞어 사람들에게 영감을 주고 있다.

"예술은 비즈니스다."

파블로 피카소는 사람들에게 이렇게 말하곤 했다고 한다. 천재 화가이며 세계 최고의 위치에 있던 예술가가 자신의 품격이 떨어질지도 모르는 이런 말을 쉽게 한다는 것이 정말 인상적이다. 어쩌면 자신을 꾸미려고 하고 포장하려고만 했다면 오히려 최고의 자리를 유지하지 못했을지도 모른다. 지키려고만 하는 것은 도전하고 창조하는 것과

에셔
〈유리구슬을 든 손(Hand with Sphere)〉(1935)

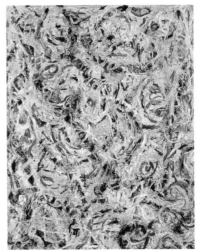

잭슨 폴록
〈열기 속의 눈(Eyes in the Heat)〉(1946)

어울리지 않는 것 같기도 하다. 피
카소는 어떻게 보면 예술과 비즈니
스를 섞은 사람이다.

피카소 〈스케치(Study)〉

언젠가 다음에 나오는 피카소 작
품을 본 적이 있다. 나는 이 그림을
보며 이렇게 생각했다. '피카소는
정말 좋겠다. 이렇게 쉽게 그리고,
비싼 돈을 받고. 이 작품도 팔았을 테니 말이다.' 사실 피카소가 이 그
림을 그리는 데 얼마나 걸렸을까? 어쩌면 5분도 안 걸렸을지도 모를
일이다. 연필로 그렸는지 펜으로 그렸는지는 몰라도 들어간 재료도
없는 듯하고. 그는 이렇게 그려도 작품이 되니, 피카소가 정말 부럽다.
피카소는 분명 비즈니스에 능했다. 비즈니스와 연결되었던 피카소의
작품들은 더 큰 예술성을 갖게 되었다.

"비즈니스를 잘하는 것이 최상의 예술이다."

앤디 워홀은 이렇게 말했다. 앤디 워홀은 예술을 잘하기 위해서는
비즈니스를 잘해야 한다고 했다. 앤디 워홀은 예술과 대중문화를 섞
었고 자신의 말처럼 비즈니스도 섞었다.

사실 그는 자신이 그리지도 않고 만들지도 않은 작품을 파는 사람
이었다. 그의 영향인지 지금은 많은 유명 작가들이 공장에서 제품을
만들듯 작품을 만든다고 한다. 기계가 돌아가며 제품을 만들듯, 공장
에서 다른 사람의 손으로 만든 제품에 자신은 단지 사인만 하여 자신
의 작품으로 만드는 사람들이 있다. 앤디 워홀도 자신의 작업장을 '팩
토리(factory)'라고 부르며 작품을 만들어 돈을 벌었다. 그는 정말 사

업을 잘하는 것이 예술이라고 생각한 것 같다.

'비즈니스'라는 말은 많은 것을 포함한다. 제품이나 서비스를 만들어서 파는 것을 생각해 보자. 많이 팔기 위해서는 다른 사람의 공감을 얻고 인기를 얻어야 한다. 지속적으로 많이 팔기 위해서는 사는 사람에게 가치를 줘야 하고 그들의 사랑을 얻어야 한다. 많은 것이 비슷하겠지만, 비즈니스에는 종합적이고 복합적인 요소가 있다. 그래서 예술과 비즈니스에 연결 고리가 있는 것인지도 모른다.

앤디 워홀처럼 다양한 분야와 자신의 일과 연결하여 생각해 보자. 음악 · 미술 · 소설 · 역사 · 인류학 · 생리학 · 물리학 · 화학 등 자신의 일과 전혀 상관없는 분야에 관심을 기울여보고 자신의 일과 연결 고리를 찾아보자.

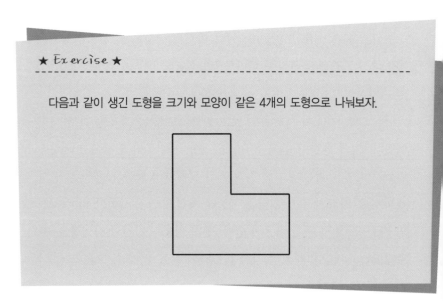

★ Exercise ★

다음과 같이 생긴 도형을 크기와 모양이 같은 4개의 도형으로 나눠보자.

→ 이 모양을 그냥 직관적으로 크기와 모양이 같은 4개의 도형으로 나누는 것은 매우 어렵다. 이때는 이 모양을 크기와 모양이 같은 3개의 도형으로 쉽게 나눌 수 있다는 사실에 주목해야 한다. 전체를 3개로 나누고 또 그것을 4개씩 나눠보자. 그리고 $3 \times 4 = 4 \times 3$과 같은 곱셈을 대입해 보자. 4개씩 3묶음으로 나누는 것과 3개씩 4묶음으로 나누는 것을 생각하는 것이다.

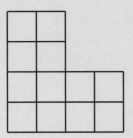 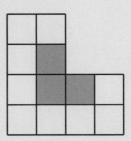

03

순종보다 강력한 잡종이 되라

> 혁신은 대개 과거의 경험들을 잘 연결시킨 결과물이다.
>
> ― 스티브 잡스

미국의 '업존'이라는 회사에서는 고혈압 치료제인 '미녹시딜'이라는 제품을 개발했다. 하지만 임상 실험을 해보니 고혈압에는 별다른 효과가 없었다. 오히려 털이 잘 자라는 부작용만 발견되었다. 업존의 애초 목적으로 보면 미녹시딜은 성공하지 못한 제품으로 폐기처분되어야 했다. 하지만 몇몇 연구원들은 고혈압 치료가 아닌 털이 잘 자라는 부작용에 주목했다. 그들은 미녹시딜을 '고혈압 치료'라는 영역에서 '탈모'라는 새로운 영역으로 옮겼고, 고혈압 치료제를 발모제로 바꿔놓았다. 현재 이 약은 대머리로 고생하는 사람에게 머리카락이 잘 자라게 하여 매우 큰 인기를 끌고 있다.

어떤 일이든 처음에 예상했던 결과가 나오지 않으면 사람들은 그것을 '실패'라고 간주한다. 하지만 우리 주위의 많은 '성공' 가운데는 처음부터 예상했던 결과가 아니었던 것이 많다. 발모제인 미녹시딜뿐만 아니라, 앞서 언급한 화이자의 '비아그라', 3M의 '포스트잇' 역시 애초 목적과는 전혀 다른 용도로 더 많은 사랑을 받는 제품이 되었다.

처음에 예상했던 결과에서 벗어났다고, 그것을 '실패했다', '틀렸다'라고 하는 것은 창의력을 죽이는 길이다. 처음에 기대했던 것보다 더 강력한 소득을 얻게 되는 것은 우연히 얻는 행운과도 같은 것이다. 그것을 얻기 위해서는 '순수 혈통'을 지키겠다는 생각보다는 잡종을 만들겠다는 생각이 더 효과적이다.

'원조' 족발이나 '옛날 그대로' 자장면이 인기가 있는 것은 사람들의 감성을 사로잡기 위한 마케팅에 따른 것이지 더 좋은 맛을 위한 선택은 아니다. 더 맛있게 만들고, 요즘 젊은 사람들의 입맛을 사로잡으려면 '원조'가 아닌 '응용'이나 '퓨전'과 같은 새로운 시도가 필요하다.

우리의 생활에서도 마찬가지다. 행복의 조건이 무엇이냐는 질문에 "행복은 고난과 고통이 적은가 많은가에 있지 않다. 그런 고난과 고통에 대처하는 자세에 있다"라고 하는 말을 들은 적이 있다. 처음에 예상했던 결과가 나오지 않으면 고통스럽고 실패했다고 느낀다. 하지만 그 상황에서 새로운 가능성을 찾고 새로운 길을 개척한다면 거기에는 처음에 기대했던 것보다 훨씬 더 큰 결과가 있을 수 있다. 영역의 틀을 깨면서 새로운 가능성을 만드는 것이다.

창의성을 가장 잘 이해할 수 있는 시대로는 르네상스 시대를 들 수 있다. 르네상스 시대에 창의성이 꽃을 피울 수 있었던 것은 무역과 교역이 활발해져 다양한 문화와 각기 다른 사람들의 생각들이 섞일 수 있었기 때문이다. 상업이 발달하고 사람들의 교류가 많아지면서 서로 다른 영역에서 문화가 다른 사람들의 생각이 결합하며 더 새로운 문화를 만들 수 있었던 것이다.

당시의 사회 분위기는 확실히 창의성이 꽃필 수 있는 조건을 매우 잘 갖추고 있었다. 메디치 가문과 같은 부유한 가문들의 후원과 활발한 국제 무역 등으로 각지에서 다양한 분야의 인재들이 주요 도시들로 몰려들었다. 중세에는 성직자들만이 예술 작품을 구입했기 때문에 예술이 종교에 예속되었지만, 르네상스 시대에는 시민 계급이 상공업과 무역으로 성장하게 되어 종교에 갇혀 있던 예술의 대중화가 가능해졌다.

예술가들은 특정 주제나 규제에 얽매이지 않고 보다 창의적인 작품을 만들었고, 그런 작품 활동으로 부자가 될 수 있는 시대가 된 것이다. 르네상스의 예술가들이 자유롭게 개인의 발전이 가능한 분위기 속에서 자신들의 독창성과 천부적 재능을 유감없이 발휘하면서 르네상스의 창의성은 꽃을 피운 것이다.

이렇듯 순종보다는 잡종이 강할 수밖에 없다. 한 영역에서 무엇인가를 고집스럽게 지키는 것보다는 다양한 영역에서 좋은 것을 골라 결합해 만드는 것이 더 강한 것이 된다. 중세의 문화가 순혈주의였다면, 르네상스는 잡종의 문화다. 하지만 순수한 혈통에서 나온 문화보다는 서로 다른 것의 이종 결합이 더 새롭고 창의적이었다.

우리는 순혈주의를 좋아하는 고정된 틀을 지니고 있다. 그 틀을 과감하게 깨고 더 많이 개방할 때 더 새롭고 창의적이게 될 것이다.

서로 다른 것을 섞어라

서로 다른 두 가지를 섞어 새롭게 창조해 내는 것은 가장 일반적인 창조의 공식이다. 그래서 전자회사에서 전자공학을 전공한 사람만 채용하는 것이 아니라, 사회학을 전공한 사람, 인류학을 전공한 사람, 심리학을 전공한 사람도 두루 채용해 같이 일하게 한다.

특히 요즘 경영자들은 인문학에 관심이 많다. 어떤 경영학자는 경영에 필요한 아이디어의 80퍼센트를 경영의 테두리 밖에서 얻는다고 단적으로 지적하기도 한다. 대부분의 사람들은 그의 말에 동의한다. 특히 창조적인 생산성을 올리고 싶어 하는 사람일수록 자신의 영역이 아닌 다른 영역의 것에 관심을 갖는다. 서로 다른 두 영역을 섞었을 때, 독특하고 새로운 것을 얻을 수 있기 때문이다.

최근 가장 창조적인 CEO로 인정받고 있는 스티브 잡스가 이렇게 말한 적이 있다.

"혁신은 대개 과거의 경험들을 잘 연결시킨 결과물입니다. 그런데 다른 사람들과 똑같은 경험만 했다면, 다른 사람들과 다른 시각을 가질 수 없을 겁니다. 예를 들어, 나는 포틀랜드에 있는 리드 대학을 다녔습니다. 그때 대부분의 남학생들은 주디 매시라는 여교수의 현대무용 수업을 들었습니다. 우리는 그 여교수를 보기 위해서 그 수업을 신청했기 때문에 무엇을 배웠는지는 잘 기억하지 못했습니다. 그 뒤 몇 년이 지나서 나는 아타리사(社)의 놀런 부시넬 밑에서 일하게 되었습니다. 그곳에서 일하면서 비로소 그 무용 수업에서 움직임과 지각에 대해 얼마나 많은 것을 배웠는지 깨달았습니다. 비디오 게임에서 이용할 수 있도록 사물을 인식하기 위해서는 움직임에 대한 분석이 대단히 중요합니다."

요즘 영화나 게임을 보면 컴퓨터 그래픽이 기본이다. 컴퓨터 그래 픽으로 영화를 만드는 것 자체가 영화와 컴퓨터 기술을 섞은 것이다. 그리고 구체적으로 컴퓨터 그래픽 작업을 하기 위해서는 스티브 잡스 의 말처럼 우리 몸의 움직임을 구체적으로 표현하기 위해 무용이나 발레에서 볼 수 있는 관절의 움직임에 대한 이해를 높이는 것도 필요 하다.

두 가지 이상을 섞는 것과는 반대로 하나에서 두 가지 이상의 의미 를 표출하는 것도 생각을 확산하는 좋은 방법이다. 우리가 쓰는 말은 대부분 하나 이상의 의미가 있다. 그래서 단어의 원래 의미가 아닌 다 른 의미를 활용하여 아이디어를 만들기도 한다. 말장난으로 보이는 다음과 같은 대화도 두 가지 이상의 의미로 유머를 만드는 것이다. 허 영만 작가의 『사랑해』라는 만화에는 이런 대화 장면이 있다. 여자는 심각하게 말하고, 남자는 여유 있게 웃으며 말한다.

여자 : "묻고 싶은 말이 있어서 찾아왔어요."

남자 : "삽을 가져다줄까? 말을 묻으려면 땅을 한참 파야겠다!"

여자 : "절 좋아하세요?"

남자 : "절 좋아해. 해인사, 법주사, 불국사. 다 좋아."

여자 : "이별이 두렵지도 않으세요?"

남자 : "이 별이 뭐가 무서워. 지구는 아름다운 별이야!"

여자 : "이제 앞으로 찾아오지 않을게요."

남자 : "그래 그럼, 뒷문으로 와. 뒷문 알지?"

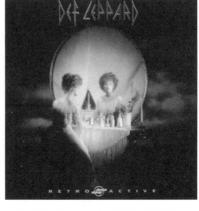

데프 레퍼드 〈Retro Active〉 앨범 표지(1993)

찰스 앨런 길버트 〈모든 것이 헛되도다
(All is vanity)〉(1892)

한 단어가 지니는 두 가지 이상의 의미로 말장난을 만드는 것처럼 때로는 한 그림이 두 가지 이상의 의미로 보이기도 한다. 위 그림은 매우 인상적이다. 이 그림은 미국의 화가 찰스 앨런 길버트가 18세 때 인 1892년에 그린 〈모든 것이 헛되도다〉라는 작품이다.

'모든 것이 헛되도다'라는 성경 구절에서 따온 그림의 제목과 한 발 짝 떨어져 봤을 때 눈에 들어오는 해골의 모습이 인상적이다. 죽고 난 뒤에는 모든 이의 모습이 같으니, 지나치게 겉모습에 신경 쓰는 것은 헛된 것이라는 의미를 전하는 듯하다. 이 그림은 100년 후에도 다시 사용되었다. 1993년 영국 록 그룹 데프 레퍼드는 이 작품을 본떠 자신 들의 앨범 표지를 만들었다.

다른 분야를 경험하라

창의성을 발휘하기 위해서는 경험이 중요하다. 경험의 폭을 넓히는 것이 스스로를 창의적으로 만든다. 그러나 똑같은 경험을 반복하는 것은 창의적인 시각을 주지 못한다. 창의적인 성과를 거두기 위해 필요한 경험에 대하여 몇 가지로 정리해 보면 다음과 같다.

먼저, 자신의 전공 분야에 대한 집착을 버려야 한다. 아주 세부적인 전공을 연구하는 대학교수도 창의적이고 탁월한 연구를 하기 위해서는 다른 분야에 관심을 가져야 한다.

왜냐하면 대부분의 탁월한 연구는 자신의 분야가 아닌 다른 영역에서 아이디어를 얻는 경우가 많기 때문이다. 창의적인 성과를 내고 싶다면 자신의 영역이 아닌 다른 영역에서 다양한 경험을 하는 것이 유리하다.

그렇게 하기 위해서는 늘 주위에 폭넓은 관심을 기울여야 한다. 지금 고민하는 마케팅에 대한 아이디어를 셰익스피어의 연극 〈햄릿〉에서 얻을 수도 있고, 신상품 개발에 대한 아이디어를 〈인체의 신비〉라는 다큐멘터리를 보며 얻을 수도 있다. 다른 분야에서 아이디어를 가져오는 것이 가장 평범한 창조의 법칙이다.

또 하나 생각할 것은 자신과 다른 사람들의 모임에 적극적으로 참여해 보는 것이다. 우리가 만나는 사람들은 대부분 정해져 있다. 다른 사람의 느낌이나 감정을 이해하고 공감하는 것은 매우 중요한 능력이며, 그런 능력을 갖추기 위해서는 직업, 배경이 다양한 사람들과 접해 볼 필요가 있다. 그것이 순종이 아닌 잡종을 추구하는 생활이다.

이런 것들과 병행해야 하는 가장 중요한 것이 있는데, 바로 독서다.

그 사람의 모든 것은 그 사람의 경험에서 나온다. 창의성도 자신의 경험에서 얻어야 한다. 그런데 직접적인 경험은 한계가 있기 때문에 간접적인 경험이 중요하다. 독서는 가장 좋은 간접 경험을 제공한다. 성공한 CEO들 중에는 소문난 독서광들이 많다. 독서는 자기 계발의 가장 중요한 요소이며, 또한 창의성을 발휘하게 하는 가장 중요한 영양분이다.

그런데 그 CEO들이 읽는 책은 비즈니스 관련 서적만이 아니라, 매우 다양한 분야의 책들이다. 예를 들어, 애플의 스티브 잡스는 18세기 신비주의 시인이자 화가인 윌리엄 블레이크의 마니아라고 한다. 그들이 경제 경영에 관한 책이 아닌 다양한 종류의 책을 읽는 이유도 그것이 그들에게 때때로 더 많은 아이디어를 주고, 자신의 일을 새로운 시각에서 바라보는 영감을 주기 때문이다.

간접적인 경험으로 더 많은 자극을 받기 위해서는 자신이 주위에서 쉽게 접할 수 있는 매체를 활용해 보자.

언젠가 우연히 인터넷에서 본 독일의 한 여성 속옷 광고인데 아이디어가 재미있다. 이렇게 무엇인가 두 가지 이상이 섞일 때 새로운 자극도 생기는 것이다.

언더웨어 브랜드 Blush의 'X-Ray Bag' 광고

아래 그림처럼 5개의 컵 중에서 2개는 위로 향하고 있고, 나머지 3개는 엎어져 있다. 이 가운데에서 어떤 두 개를 동시에 뒤집는다. 위로 향하고 있는 것은 엎어지게 하고, 엎어진 것은 위로 향하게 한다.

이와 같이 한 번에 컵을 두 개씩 뒤집는 일을 몇 번이건 되풀이하여 전부 위로 향하도록 할 수 있을까?

→ 이 문제는 그렇게는 안 된다는 것을 증명하는 문제다. 방법은 이렇다. 위로 향하고 있는 컵을 1, 아래로 향하고 있는 컵을 0으로 놓는다. 처음에 놓여 있던 컵의 상태는 01010과 같이 나타낼 수 있다. 그런데 컵을 하나 뒤집으면 0은 1로, 1은 0으로 바뀐다. 위치와 상관없이 바뀌는 모든 상황을 0, 1로 나타내보면 다음과 같은 세 가지 경우다.

$$(1, 1) \rightarrow (0, 0)$$
$$(0, 0) \rightarrow (1, 1)$$
$$(0, 1) \rightarrow (1, 0)$$

이런 변화에서 0의 개수와 1의 개수는 세어보면, 0은 항상 홀수 개가 되고, 1은 항상 짝수 개가 된다. 컵이 전부 위로 향하는 상태는 11111인데, 이것은 1이 홀수 개만큼 있는 상황이다. 따라서 문제에서 제시한 대로 해서는 1이 홀수 개가 되는 11111은 만들 수 없다.

경쟁의 틀을 깨라

8

01

당신의 진짜 경쟁자는 누구인가

> 먼저 자기와의 경쟁을 해야죠. 발전에는 끝이 없잖아요. 나를 위해 쓸 시간도 부족한데 다른 사람 의식하느라 시간을 뺏기면 안 되죠.
> — 강수진

100년에 2초 이상 틀리지 않는 정확성, 철저한 장인정신, 전 세계 어디서나 동일하게 받을 수 있는 사후 관리 등을 바탕으로 롤렉스사의 제품은 세계적인 명품으로 손꼽힌다. 어느 날, 저녁 식사를 하고 있는 도중 롤렉스의 하이니거 회장에게 친구가 물었다.

"자네 요즘 시계 장사 잘되는가?"

그러자 하이니거 회장은 심드렁한 표정으로 대답했다.

"시계? 글쎄. 그걸 내가 어찌 아나? 내가 모르는 분야라네."

친구는 회장의 말을 듣고는 어이없는 웃음을 터뜨리며 되물었다.

"아니, 세계 최고의 시계를 파는 자네가 시계를 모르면 누가 안단 말인가?"

그러자 하이니거 회장이 고개를 들며 말했다.

"무슨 소린가. 난 시계 장사가 아니라 보석 장사일세."

대부분의 시계 업체들이 시계를 기계 제품이나 패션 제품으로 정의하고 경쟁하는 동안 롤렉스는 자신들이 만드는 것을 보석으로 정의했다. 그렇기에 모든 시계 업체들이 경쟁하는 시장에서 한 발짝 벗어난 새로운 시장을 끊임없이 만들어낼 수 있었다. 정의하기에 따라서는 모든 분야에서 새로운 시장, 즉 블루 오션이 기다리고 있다.

 ## 경쟁자의 고정관념을 바꿔라

"우리 회사의 경쟁자는 누구일까요?"

여성 생활용품을 판매하는 회사로, 고급스럽고 아기자기한 인테리어 소품들이 많아서 여성들에게 인기가 많은 회사의 입사 면접 질문이다. 이 회사의 담당자가 면접에서 입사 지원자들에게 질문할 것 몇 가지를 공개적으로 보내왔다고 한다.

그중 하나가 "우리 회사의 경쟁자는 누구일까?" 하는 질문이었다. 입사 지원자와 친구들 몇 명이 모여서 이야기를 시작했다. 그러던 중 한 친구가 말했다.

"스타벅스 아닐까?"

이 회사는 여성용품을 파는 회사다. 인테리어 소품들을 파는 곳이지만 여성들은 그 회사의 매장에서 많은 시간을 보낸다. 구경도 하고, 친구들과 약속 장소로도 활용하고, 특별하게 살 것이 없어도 그 매장에서 시간 보내기를 좋아한다. 그런 특징을 파악한 한 친구가 그 회사의 경쟁자는 스타벅스라고 한 것이다.

우리는 경쟁자의 의미를 동종 업계에 있는 다른 회사로만 파악한다. 하지만 그건 경쟁자에 대한 고정관념이다. 경쟁자에 대한 좀더 명확한 정의는 '그 플레이어(player)가 있기 때문에 나에게 손해가 되는 상대'다. 동종 업계에 있는 회사라도 자사에 도움이 되는 회사라면 그 회사는 경쟁자가 아니다. 그렇게 도움이 되는 상대는 동반자다. 이런 질문을 해보자.

요구르트 아줌마의 최대 경쟁자는 누구인가?

약간 유치해 보이지만, 이 질문은 많은 것을 내포하고 있다. 가령 A라는 우유가 있다고 해보자. A라는 우유의 경쟁자는 누구일까? B라는 우유가 A우유의 경쟁자임은 틀림없다. 하지만 요즘엔 사람들이 우유보다는 기능성 요구르트를 많이 먹는다고 가정하면, A우유의 진짜 강력한 경쟁자는 B우유가 아닌 요구르트다. 앞의 질문에 대한 답으로 사람들은 이렇게 이야기한다.

"요구르트 아줌마의 최대 경쟁자는 학습지 선생님이다. 왜냐하면, 엄마는 학습지를 신청하기 위해 요구르트를 끊을지도 모르기 때문이다."

아버지의 월급은 일정한데 아이에게 학습지를 신청해 주려고 하는 엄마는 요구르트를 끊고 그 돈으로 학습지를 신청할지도 모른다. 이것이 현실이다. 그래서 동종 업계의 경쟁자보다 더 의미 있는 실질적인 경쟁자를 파악하는 것이 현명한 접근이다.

이런 경우도 있다. '나이키의 진짜 강력한 경쟁자는 닌텐도다. 왜냐하면, 아이들이 닌텐도 게임을 하기 때문에 집 밖으로 나가지 않고, 결과적으로 나이키를 신지 않기 때문이다.'

나이키가 더 많은 신발을 팔기 위해서는 사람들이 더 많은 신발을 소비하고 그중에 나이키를 더 많이 선택해야 한다. 그런 의미에서 신발의 판매 자체를 줄이는 역할을 하는 닌텐도는 분명 나이키에 손해가 되는 존재다.

1980년대에 나이키가 국내에 처음 들어왔을 때, 많은 나이키 '짝퉁'들이 생겨났다. '나이키(NIKE)'가 아닌 '나이스(NICE)', '나이킹(NIKING)' 등이 시장에 대량으로 나돌았다. 당시에 나이키는 그런 짝퉁들을 단속하지 않고 오히려 모르는 척했다. 그들을 자신들의 경쟁자로 생각했다면 짝퉁을 단속했겠지만, 나이키는 그들을 경쟁자가 아니라 오히려 자신들의 존재를 높여주는 존재로 인식한 것이다. 나이키의 짝퉁들이 많이 나돌수록, 사람들에게 나이키라는 브랜드의 존재감은 더욱더 높아져갔기 때문이었다.

그러니 누구와 경쟁을 하고 있으며 누구와 협력을 해야 하는지를 다시 생각해야 한다. 왜냐하면, 때로는 경쟁자라고 생각했던 사람 때문에 더 큰 이익을 얻기도 하고 경쟁자라고 생각하지 못했던 사람에게 이익을 빼앗기기도 하기 때문이다.

예를 들어 A우유와 B우유는 분명 경쟁자다. 하지만 사람들에게 우유의 좋은 점을 잘 부각시켜서 B우유 때문에 A우유의 판매가 더 늘어난다면, B우유는 A우유의 경쟁자가 아니라 오히려 협력자다.

경쟁과 협력의 실질적인 관계를 파악하는 것이 중요하다. 예를 들어보자. 어떤 마을에 변호사 A가 살았다. 그 마을에 변호사는 A 혼자다. 그래서 변호사 A는 모든 소송을 혼자서 독식했다. 그러다 새로운 변호사 B가 마을에 왔다. 변호사 B는 분명 변호사 A의 경쟁자다. 하지만 마을에 변호사가 A 혼자였을 때는 사람들이 변호사의 필요성을 잘 알지 못해서 변호사 A의 수입은 그렇게 많지 않았다. 하지만 변호사 B가 마을에 오면서 사람들은 소송에서 변호사의 역할이 크다는 것을 알게 되었고 변호사 A와 B는 모두 수입이 늘었다. 이런 경우라면 동종 업계에 있는 변호사 A와 B는 경쟁자가 아닌 협력자다.

다시 말하면 동종 업계에 있는 상대는 경쟁자라는 고정관념에서 벗어나서 실질적인 관계를 파악하는 것이 중요하다.

경쟁을 위한 경쟁의 함정

아프리카에 있는 칼라하리 사막에는 '스프링복'이라 불리는 영양이 있다. 그런데 가끔씩 수만 마리의 영양이 낭떠러지에서 떨어져 죽는다고 한다. 이 산양들은 보통 20~30마리씩 떼를 지어 다니는데 어떤 때에는 수만 마리가 모여 이동할 경우가 있다. 수만 마리가 한꺼번에 이동을 하다 보니 앞의 양들은 다행히 풀을 먹을 수 있지만 뒤따라가는 양들은 먹을 풀이 없게 된다. 앞의 양들이 먼저 풀을 다 먹어버리기 때문이다.

풀을 먹기 위해서는 다른 양들보다 앞서 가는 수밖에 없다. 양들은 저마다 앞으로 나서며 서로서로 앞서 가려고 싸우게 된다. 그러다 보니 점점 속력이 빨라지고 정신없이 앞으로 달리기만 하는 것이다. 그러면 풀은 아무도 먹지 못한다. 풀을 먹자고 달리는 것이 아니라 그저 앞서 가기 위한 목적으로 정신없이 달리기만 하는 것이다. 그렇게 계속 달려가다 보면 낭떠러지를 만나도 멈추지 못하고 뒤에서 오는 양에 떠밀려서 모두 떨어져 죽고 마는 것이다.

창의성을 갖기 위해서는 경쟁자에 대한 고정관념에서 벗어나야 한다. 그리고 그것보다 한발 더 나아가 진정한 창의성을 발휘하기 위해서는 경쟁이라는 것 자체를 잊어야 한다. 경쟁을 생각하는 것이 바로 창의성을 가로막는 가장 큰 장벽이다.

블루 오션으로 대표되는 가치 혁신 전략의 핵심은 경쟁하지 말라는 것이다. 경쟁이 치열한 레드오션에서 경쟁 없이 더 큰 것을 얻을 수 있는 블루오션을 찾아가라는 것이 가치 혁신 전략의 핵심이다. 이것은 창의성에서도 마찬가지다. 창의성이란 남과 싸워서 이기는 것이 아닌 아무도 없는 곳을 찾아 떠나는 여행이다. 그래서 창의성을 얻는 첫 번째 조건이며 가장 중요한 단계가 바로 경쟁 상태에서 벗어나는 것이다.

경쟁이란 주어진 영역에서 상대와 싸우는 것이다. 우물 안 개구리처럼 특정한 영역에 자신을 가두지 않는다면 싸워야 할 경쟁자도 없고 경쟁도 없다. 우물에서 벗어나 더 넓은 세상으로 자신의 영역을 넓혀가는 사람에게는 같이 길을 떠날 협력자들이 나타날 뿐이다.

'우리 회사의 경쟁자는 누구일까?'와 같은 질문을 버리고 그대신 '어떻게 하면 경쟁하지 않을 수 있을까?'라고 질문해 보자. '싸우지 않고, 경쟁하지 않기 위해서는 어떻게 하면 좋을까?'라고 생각해 보자. 이 질문에 대답을 찾는 것이 바로 손자병법에 나오는 싸우지 않고 이기는 최고의 전략이고, 바로 창의성이다.

또한 때로는 직접적인 경쟁자가 과연 자신의 진짜 경쟁자인가를 다시 생각해 보는 것도 필요하다. 독일 슈투트가르트 발레단의 수석 발레리나인 강수진 씨의 말을 들어보자.

"발레뿐 아니라 살아가는 데 인내심이 없으면 가고자 하는 목적지에 더 늦게 도착해요. 학생들이 발레단에서 군무하는 것을 지켜보면, 잘하다가도 솔로 역을 하는 사람을 보면서 '어, 나도 할 수 있는데, 나에겐 왜 배역을 안 주는 거야' 하고 생각하기 시작하면서부터 슬럼프에 빠지죠. 거기서부터 내려가기 시작하는 거예요. 먼저 자기와 경쟁을 해야죠. 발전에는 끝이 없잖아요. 나를 위해 쓸 시간도 부족한데, 다른 사람 의식하느라 시간을 뺏기면 안 되죠."

자신이 제공하는 상품이나 서비스의 경쟁자를 떠올리고, 그 경쟁자와 협력할 수 있는 가능성은 어떤 것이 있는지 생각해 보자.

★ Exercise ★

영국의 한 경매장에서 매우 희귀한 우표가 경매에 부쳐졌다. 우표는 치열한 경매 끝에 매우 부유한 상인에게 500만 달러라는 엄청난 금액에 낙찰되었다. 그 상인은 경매장 단상에 올라가 우표를 높이 쳐들었다. 부러움과 시기로 가득 찬 경매장에 있던 부자들은 모두 그에게 박수를 보냈다. 그런데 그때 그 상인은 라이터를 꺼내어 우표에 불을 붙였다. 우표는 재가 되어버렸다. 왜 그랬을까? 이야기를 만들어보자.

→ 그가 경매로 낙찰받은 우표는 전 세계에 단 두 장만 있다고 알려진 희귀한 우표다. 그 두 장 중 하나를 이 남자는 이미 갖고 있었다. 그는 자신이 갖고 있는 우표의 가치를 높이기 위해 나머지 하나를 불태운 것이다.

02

제로섬 게임에서 벗어나
윈-윈 전략을 세워라

우리 중 어느 누구도 우리 모두를 합친 것
만큼 현명하지 않다.
— 켄 블랜차드

우리 동네에 슈퍼마켓 A, B가 있다. 두 슈퍼는 일반적으로 제로섬(zero sum) 게임을 하게 된다. A가 장사가 잘되면, B는 장사가 잘 안 된다. 왜냐하면 동네에서 소비되는 물품의 양은 거의 일정하고, 다른 동네 사람이 우리 동네까지 와서 물건을 사지는 않으니까 말이다.

그런데 어느 지역에 가보면 열 곳이 넘는 가구점이 모여 있다. 그들은 서로 경쟁하지만 일정 지역에 모여 있어 다른 지역의 고객들을 끌어들이는 효과를 낸다. 한 가구점이 물건을 많이 팔았다고 다른 가구점이 물건을 적게 파는 게 아니다. 그들은 동시에 물건을 많이 팔기도 하고 때로는 동시에 적게 팔기도 한다. 그들은 논제로섬(non-zero sum) 게임을 하고 있다.

$$A + B + C + D = 0$$

제로섬 게임

$$A + B + C + D < 0$$

$$A + B + C + D > 0$$

논제로섬 게임

실제로 가구나 옷, 조명 등을 파는 가게들은 특정 지역에 모여 있다. 그렇게 해야 장사가 더 잘되기 때문이다. 제로섬 게임은 곧 '너의 불행이 나의 행복'이 되는 상황이고, 논제로섬 게임은 같이 행복해지거나 같이 불행해지는 상황을 말한다.

게임에는 제로섬 게임과 논제로섬 게임이 있다. 가령 5명의 친구가 고스톱이나 포커를 친다. 누군가가 돈을 벌면 누군가는 돈을 잃는다. 돈을 딴 사람과 돈을 잃은 사람의 액수를 합치면 (전체의 이익은) '0(zero)'이 된다. 고스톱과 포커는 제로섬 게임인 것이다. 이미 정해진 규모의 시장이나 성장이 없는 포화상태의 시장에서 경쟁을 하는 사람들은 제로섬 게임을 하게 된다.

반면에 성장하는 시장에서는 게임에 참여한 모든 사람들이 돈을 얻기도 하고, 쇠퇴하는 시장에서는 모두 돈을 잃기도 한다. 논제로섬 게임에서는 돈을 얻은 사람과 돈을 잃은 사람의 합이(전체의 이익이) '0'이 되지 않는다.

주식으로 제로섬 게임과 논제로섬 게임을 살펴보면 이렇다. 가령, 주가지수가 1년 동안 1,500선에서 머물렀다고 해보자. 변동은 있었지만, 연초에 1,500으로 시작하여 연말에 1,500에서 끝났다. 이런 상황에서는 사람들이 제로섬 게임을 하게 된다. 누군가가 돈을 얻으면 누군가는 돈을 잃고 만다. 그러나 만약 주가가 1,000에서 시작하여 2,000까지 상승했다면, 사람들은 논제로섬 게임을 한 것이다. 돈을 잃고 따는 사람이 있겠지만, 그들의 소득과 손실을 더했을 때 (전체의 이익은) 0이 되지는 않는다. 최선의 상황에서는 모두 돈을 딸 수도 있게 된다.

공격할 때와 수비할 때

제로섬 게임과 논제로섬 게임에서는 전략을 달리해야 한다. 일반적으로 제로섬 게임의 전략은 수비이고, 논제로섬 게임의 전략은 공격이다. 누군가가 이기면 누군가는 질 수밖에 없는 제로섬 게임에서는 '지지 않는 것'이 최선의 전략이다. 상대의 손해가 나의 이익으로 돌아오기 때문에, 내가 많이 갖는 것보다 상대가 많은 손해를 보게 하는 것이 좋은 전략이 된다. 이런 것을 수학적인 모델로 '미니맥스(mini max) 전략'이라고 한다. 즉, 공격과 수비 중에 수비에 비중을 두는 전략이다.

제로섬 게임의 대표적인 예인 고스톱과 포커를 생각해 보면, 고스톱에서 점수를 따기 위해서는 일단 '피박', '광박'부터 면하는 것이 좋다. 그것이 수비 전략이다. 자기 패만 보고 '어떻게 하면 내가 점수를 딸 수 있을까?'만 생각하는 사람은 고스톱에서 점수를 따지 못한다. 고스톱에서 점수를 따기 위해서는 '어떻게 하면 내가 점수를 딸 수 있을까?'라고 생각하기보다는 '어떻게 하면 상대가 점수를 따지 못하게 할까?'라는 생각을 먼저 해야 한다. 포커도 마찬가지다. 패가 나쁘면 죽어야 한다. 나쁜 패를 들고 자꾸 베팅하다 보면, 모두 잃고 만다. 공격보다는 수비에 치중하는 것이 제로섬 게임의 좋은 전략이다.

반면에 논제로섬 게임에서는 수비보다는 공격을 생각하며 '윈-윈(win-win)전략'을 펼치는 것이 더 효과적이다. 전체 이익이 플러스가 될 수도 있고 마이너스가 될 수도 있다면, 일단은 전체 이익의 합을 플러스로 만들어야 한다. 그렇게 하면 나의 이익도 자연스럽게 올라갈 것이니까 말이다. 가령, 우리 아파트를 비싸게 파는 방법은 옆집의 가격이 떨어지는 것이 아니라 오히려 동네 전체의 아파트 가격이 올라가게 해야 한다. 우리 서점에서 책을 많이 팔기 위해서는 다른 서점이 책을 못 파는 것보다는 사람들이 더 많이 책을 읽어서 더 많은 사람들이 책을 사게 하는 것이 좋은 전략이다.

제로섬 게임과 비슷한 상황에서는 소극적인 대응이 필요하고, 논제로섬 게임의 상황에서는 좀더 적극적인 대응이 효과적이다. 수비와 공격처럼 말이다. 예를 들어, 직장에서 까다롭게 상대방을 괴롭히는 상사를 만났다고 생각해 보자. 이런 경우 직장 생활을 편하게 하기 위해서는 수비를 먼저 해야 한다. 창의적인 아이디어로 더 높은 성과를 내겠다는 공격적인 생각보다는 책잡힐 짓을 하지 않는 것이 상책이다. 자신의 장점을 최대한 발휘하겠다는 생각보다는 일단 단점을 보완하는 것이 직장 생활을 편하게 한다. 상황에 소극적으로 대응하는 것이 현실적이다.

그러나 직장 상사가 자신을 믿고 많은 권한을 준다면 적극적으로 일을 벌일 필요가 있다. 시키는 일만 소극적으로 하는 것이 아니라 적극적으로 자신의 아이디어를 표출하는 것이 좋다. 또한 단점을 보완하겠다는 생각보다는 장점을 개발하고 최대한 드러낼 필요가 있다. 자신의 상황에 맞게 대응하는 것이 좋다.

우리의 상황은 제로섬 게임 상황과 논제로섬 게임 상황이 정해져 있지 않다. 상황의 변화를 먼저 파악해야 한다. 가령 이런 상황을 생각해 보자. 어느 마을에 변호사가 1명 있다면 그 변호사는 수입이 많지 않다. 왜냐하면 변호에 대한 사람들의 인식이 부족해서 의뢰가 적기 때문이다. 그런데 그 마을에 변호사가 5명으로 늘어났다면, 그 변호사들은 모두 부자가 된다. 왜냐하면 변호에 대한 사람들의 인식이 높아져 더 많은 사람들이 사건을 의뢰하기 때문이다. 그러나 마을에 변호사가 10명으로 늘어나면 그 마을의 변호사들은 다시 수입이 줄어든다. 마을에서 필요한 수 이상으로 변호사가 늘어나서 자기들끼리 경쟁을 해야 하기 때문이다.

당신이 이 마을에서 1명뿐인 변호사라면, 파이를 키우기 위해 동료 변호사를 당신의 마을로 불러들여야 한다. 하지만 5명의 변호사 중 1명이라면 마을에 변호사가 더 늘어나는 것을 막아야 한다. 이런 것이 상황 파악이다.

자신도 모르게 자리 잡고 있는 생각을 점검하라

제로섬 게임에서 벗어나 플러스를 만드는 윈-윈 전략을 세워보자. 제로섬 게임에서 벗어나기 위해서는 우리의 마음속에 있는 자신도 모르는 생각들을 한번 점검해 볼 필요가 있다. 표면적인 변화보다 더 강력한 것은 내면의 변화이기 때문이다. 마음속의 심층의식을 변화시켜야 생각도 바뀐다.

잠재의식이나 무의식 등을 심리학자들은 바다에 비유하여 설명한다. 바다의 수심 200미터 정도까지는 빛이 통과되어 들어간다. 그러나 수심이 200미터가 넘어서는 곳부터는 바다 표면의 빛이 점점 옅어져서 마침내 빛이 닿지 않는 암흑이 시작된다. 심해라고 불리는 곳이 시작되는 것이다. 일반 바다와 심해를 구별하는 경계는 없다. 그 경계에 사는 물고기는 양쪽을 자유롭게 왕래한다.

우리가 의식하는 부분이 빛이 닿는 곳까지라면, 빛이 닿지 않는 깊은 곳에는 우리가 의식하지는 못하지만 분명 우리의 정신 작용이 이루어지는 곳이 존재한다. 그곳을 심층의식이라고 부르기도 하고 잠재의식, 무의식 등으로도 표현한다. 두 영역을 가로막는 경계는 없고 우리의 생각은 두 영역을 왕래한다. 그래서 자신도 모르는 생각이 존재하는 것이다. 예를 들어, 다음과 같은 문장을 보자

사랑과 전쟁 속에서는 모든 것이 용서된다(Everything is fair in love and war.).

이 문장은 1명의 여자를 놓고, 2명 이상의 남자가 경쟁을 할 때 주로 쓴다. 이를테면 친구의 애인을 빼앗은 사람은 "사랑과 전쟁에서는 모든 것이 용서되는 거야"라며 변명을 한다는 것이다. 그런데 이런 문장이 우리의 무의식이나 잠재의식에 알게 모르게 파고들어 자기만의

은유를 형성한다. 잠재의식은 자신도 의식하지 못하는 사이에 내면에 자리 잡게 된다.

사소하게 형성되는 자기만의 은유는 자신의 생각에 매우 큰 영향을 미친다. 앞에서 보았듯이 내면에 '사랑＝전쟁'과 같은 은유가 자리 잡고 있는 사람은 다음과 같이 사랑과 전쟁을 자연스럽게 연결시킨다.

- 전쟁은 마음대로 시작할 수는 있어도, 마음대로 끝낼 수는 없다.
  － 마키아 벨리
- 사랑은 마음대로 시작할 수는 있어도, 마음대로 끝낼 수는 없다.
  － 박종하

연상 작용이나 은유는 창의적인 아이디어를 만드는 매우 효과적인 방법이다. 그런데 자신만의 은유는 아이디어를 얻는 차원의 문제를 넘어 더욱 중요한 의미가 있다. 왜냐하면 그것이 우리의 잠재의식을 결정하고, 우리의 생각을 우리가 알지 못하는 사이에 지배하기 때문이다.

가령 어떤 회사의 CEO는 비즈니스를 전쟁으로 본다. 그에게는 '비즈니스＝전쟁'이라는 은유가 그의 잠재의식 속에 있는 것이다. 그는 인류의 전쟁 역사를 공부하며 전쟁에서 승리하는 법을 공부한다. 그리고 자신의 비즈니스에 그것을 적용한다. 모든 것을 전쟁으로 보는 그는 무엇인가를 얻기 위해서는 싸워서 이겨야 한다고 생각한다. 게다가 수단과 방법을 가리지 않고 싸우는 자만이 승리할 수 있다고 생각한다. 그에게 교활함이나 권모술수는 위대한 전략 중 하나다. 그에게는 마케팅도 전쟁이므로, 그는 시장의 고객을 잡기 위해서 고객을 만족시키기보다는 경쟁사를 무찌를 전략을 먼저 생각한다. 그것이 그가 생각하는 비즈니스인 것이다.

그렇게 그는 제로섬 게임만을 하게 된다. 자신의 심층의식에 이끌려 제로섬 게임만을 생각하기 때문에 협력과 윈윈 전략으로 파이를 키우는 일에는 소극적이고 때로는 협력을 하면서도 뒤로는 전쟁만을 생각하게 된다.

중요한 것은 마음속의 심층의식을 돌아보며, 자신의 인생을 제로섬 게임이 아닌 플러스를 만드는 논제로섬 게임으로 만들어가야 한다는 것이다. 자신도 모르게 품고 있는 은유를 돌아봐야 한다.

★ Exercise ★
- -

• 전쟁이란 단어에서 떠오르는 단어를 20개 정도 써보자.
• 사랑이라는 단어에서 연상되는 단어를 20개 정도 써보자.
일상생활 속에서 전쟁과 사랑에서 연상되었던 단어들 중 어떤 것을 더 많이 사용하는지를 생각해 보자. 전쟁에서 연상되는 단어가 더 익숙하다면, 사랑에서 연상되는 단어를 많이 사용할 수 있도록 노력해 보자.

03

더 넓고 큰 시장으로 나아가라

오랫동안 꿈을 그리는 사람은 마침내
그 꿈을 닮아간다.

— 앙드레 말로

경쟁과 협력이라는 측면에서 볼 때 제로섬 게임은 경쟁을 하는 게임이고, 플러스를 만드는 논제로섬 게임은 협력을 하는 게임이다. 무자비하게 상대에게 손실을 입히는 것이 바로 나의 이익이 되기 때문에, 내가 이기기 위해서는 상대를 쓰러뜨려야 하는 것이 제로섬 게임이다.

논제로섬 게임은 다르다. 논제로섬 게임에서는 게임의 결과가 0이 아니므로, 결과 값을 키우는 것이 내가 더 많은 것을 얻는 전략이 된다. 그래서 경쟁하는 것보다 서로 협력해 공동의 이익을 확보하는 것이 더 주요한 전략이 된다. 친구의 성공을 도와 나도 성공하는 것이 플러스를 만드는 방법이다.

'정복의 시대'에서 '창조의 시대'로

우리는 지금 '정복의 시대'에서 '창조의 시대'로 넘어가고 있다. 20년, 10년 전 상황과 지금을 비교해 보면 우리는 '싸워 이기기'에 몰두하기보다는 확실히 '새로운 것을 창조하고 즐기는 것' 같다. 사회·정치·경제·문화를 봐도 그렇고 축구와 같은 스포츠를 봐도 그렇다.

정복의 시대에 살았던 사람들은 싸워 이겨야 했다. 정해진 영토를 차지하기 위해, 상대를 쓰러뜨려야 살 수 있었다. 전쟁과 같은 제로섬 게임이었다. 내가 100을 얻기 위해서는 상대가 100을 잃어야 했고, 상대는 언제나 자신이 100을 얻기 위해 내 100을 빼앗아 가려 했다. 그래서 빼앗기지 않기 위해, 상대를 쓰러뜨리기 위해, 싸우고 경쟁하며 살았다.

하지만 창조의 시대에 살고 있는 사람들에게 경쟁은 약간 다른 의미가 있다. 이제는 정해진 영토를 차지하는 '땅 따먹기'와 같은 경쟁이 아닌 새로운 영토를 만드는 게임에 사람들은 집중한다. 왜냐하면 그것이 더 큰 시장을 만들고 더 큰 이익을 주기 때문이다. 요즘은 우리가 차지하고 싶어 하는 영토가 갑자기 생기기도 하고 크게 팽창하기도 하고, 때로는 없어지기도 한다.

예전에는 야구 선수는 야구로 성공하지 못하면 '먹고살기'가 어려웠다. 하지만 요즘은 야구 선수로 최고가 되지 못해도 야구 해설가로 더 유명해지는 사람도 있고 스포츠 에이전트가 되어 야구 선수를 연예인처럼 관리하는 사람도 있다. 전문 스카우터가 되어 야구 구단이나 감독에게 유망한 선수들을 찾아주기도 하고 야구 관련 제품을 만들어서 팔기도 한다. 야구와 관련된 스포츠 시장이 커지면서 다양하고 새로

정복의 시대	창조의 시대
정해진 영토를 차지	새로운 영토 창출
경쟁자를 싸워 이김	새로운 시장 창조
싸움	**창조**
이기고 지는 게임	서로 이기는 게임
제로섬 게임 zero sum game	플러스 게임 plus sum game

운 가능성이 생긴 것이다. 그래서 야구에 관련된 일을 하는 사람들은 '무조건 이기는 것'에 관심을 갖기보다는 야구에 대한 시장을 더 키우고 팽창시키는 것에 더 주목한다.

주위를 보면, 우리가 살고 있는 환경은 제로섬 게임이 아닌, 플러스를 만드는 논제로섬 게임이 지배하고 있음을 알게 된다. 그러니 남과 싸워서 얻는 것보다는 새로운 창조를 통해 더 많은 것을 얻는 것이 더 현명한 선택이다. 이제 우리 자신의 속마음을 '싸워 이기자'는 것에서 '즐거움을 창조하자'는 마인드로 바꿔야 한다. 자신의 마음속을 바꾸지 않으면, 자신도 모르게 어느 순간 또 제로섬 게임을 하게 되기 때문이다.

부분적으로는 제로섬 게임인 것이 크게 보면 플러스를 만드는 게임이 되는 경우가 많다. 예를 들어, 축구 경기를 생각해 보자. 축구 경기는 기본적으로 제로섬 게임이다. 상대와 싸워 이겨야 한다. 상대가 져야 내가 이길 수 있다. 축구 경기에서 승리를 얻는 제로섬 게임의 전략은 수비를 강화하는 것이다. 하지만 축구 산업을 생각해 보면 축구 경기장에 많은 관중이 모여야 자기 팀이 이기는 것에 의미가 있다. 축구 경기에서는 이겨도 축구장에 관중을 끌어들이지 못하면 이기는 의미가 그리 크지는 않을 것이다.

그래서 요즘 프로 축구팀 감독들은 수비 대신 화끈한 공격 축구를 한다. 더 많은 축구 팬을 만드는 플러스 게임을 하기 위해서다.

중요한 것은 창조의 시대를 살아가야 한다는 것이다. 스스로 제로섬 게임에만 몰두하고 있다면 자신의 심층 의식을 점검하고 마인드를 바꿔 플러스를 만드는 게임을 해야 한다. 싸워 이겨야 한다는 생각보다는 즐거움을 만드는 창조를 염두에 두어야 한다. '이기는 습관'이 아닌 '창조의 습관'을 가져야 한다.

 ## 협력으로 새로움을 창조하라

2000년 새 아침이 밝았을 때, 많은 사람들은 과거 1,000년을 되돌아봤다. 뉴밀레니엄을 맞이하는 감회에 많은 사람들이 들떴다. 그즈음 미국의 어떤 다큐멘터리 제작팀이 〈과거 1,000년 동안의 사람들 중 현재 우리의 삶에 가장 큰 영향을 준 100명〉이라는 다큐멘터리를 만들었다. 미국의 유명 대학교수들과 저명인사들이 참여하여 서기 1,000년에서 1999년까지 과거 1,000년 동안의 사람들 중 현재 우리의 삶에 가장 큰 영향을 준 100명을 선정했다. 그중 가장 큰 영향을 준 사람 10명의 등수는 다음과 같다.

⑩ 갈릴레이 ⑨ 코페르니쿠스 ⑧ 아인슈타인 ⑦ 마르크스
⑥ 콜럼버스 ⑤ 셰익스피어 ④ 다윈 ③ 루터 ② 뉴턴

그럼 1등은 누구일까? 다큐멘터리에서 현재 우리에게 가장 큰 영향을 끼친 사람을 소개할 때, 프린스턴 대학의 한 교수는 인터뷰에서 이렇게 말했다.

"이 사람은 천재도 아니었고, 성공한 기업가도 아니었습니다. 그러나 우리에게 이 사람만큼 큰 영향을 준 사람은 없을 겁니다."

그 사람은 바로 구텐베르크다. 구텐베르크는 금속활자를 발명한 사람이다. 다른 9명은 위대한 업적을 남겼지만, 그들의 업적도 구텐베르크의 금속활자가 없었다면 그런 업적을 남기기는 어려웠을 것이다. 가령 마르틴 루터는 종교개혁을 성공적으로 이끌었다. 종교 개혁 이전의 사람들은 개인이 성경을 읽지 않았다. 신부나, 교황이 읽어주는 성경을 듣기만 했다. 사람들은 신의 말씀을 교황의 입을 통해서만 들었다. 루터와 같은 종교 개혁자들은 교회가 부패되어 가고 있으며, 개인이 스스로 성경을 읽어야 한다고 생각했다.

그러나 루터 이전에 그런 생각을 했던 사람들은 종교 개혁에 성공하지 못했다. 루터가 기존 교회의 부패상을 고발한 95개 조항은 금속활자를 통하여 빠르게 사람들에게 전해졌다. 또한 금속활자는 한꺼번에 대량으로 성경을 찍어내며 사람들에게 성경을 빠르게 보급했다. 금속활자가 없었다면 루터의 종교개혁은 성공하지 못했을 것이고, 르네상스도 기대할 수 없었을 것이다.

물론 금속활자는 17세기 이후의 과학혁명을 열었던 천재의 세기에도 크게 기여했다. 뉴턴이 말했듯이 그의 업적도 이미 앞선 거인들의 연구를 기반으로 했으며, 그것이 가능했던 것은 책이 있었고, 금속활자가 있었기 때문이다.

구텐베르크의 금속활자가 최근 들어 그 중요성을 더 인정받는 것은 우리가 현재 인터넷으로 상징되는 정보의 시대에 살고 있기 때문이다. 정보가 많아지고 많은 정보가 빠르게 움직이면서 사회가 더욱더 빠르게 변화하고 있다.

금속활자의 의미는 '지식의 공유' 이전에 더 근본적으로 '협력을 위한 공헌'이라고 보는 것이 옳다. 아인슈타인이 아프리카의 미개한 부족으로 태어났다면, 그는 아무런 업적을 남기지 못했을 것이다. 혼자서 할 수 있는 일은 매우 제한적이다. 네트워크를 구축하여 협력하는 것이 치열한 생존의 정글에서 살아남는 길이며, 더 많은 성과를 내는 길이다.

우리가 살아가며 겪는 많은 일들을 제로섬으로 보면 제로섬 게임이 되고, 논제로섬으로 보면 논제로섬 게임이 되게 마련이다. '나'의 시각이 그 게임의 형태를 결정한다면 경쟁보다는 협력을 통한 창조의 게임에서 더 큰 열매를 얻는다.

중요한 것은 경쟁이라는 고정관념의 틀을 깨고 신뢰와 믿음을 바탕으로 협력하며 새로운 것을 창조하는 것이다. '너의 불행이 나의 행복'이 아닌, '너의 성공을 도와 나의 성공을 만들겠다'는 마음의 틀을 갖는 것이다. 우리의 상황을 논제로섬 게임으로 설정하고, 친구를 만들고 네트워크를 구축하여 윈-윈 전략을 세워보자. 협력의 열매는 분명히 더 클 것이다.

자신이 최근 3개월, 6개월 안에 다른 사람에게 도움을 주었던 일을 적어보자.
지금 도움이 필요한 사람을 떠올려보며, 그 사람을 도와줄 수 있는 구체적인 방
법을 적어보자.

어제의 틀을 깨라

9

01

어제와 다른 오늘을 살아라

생각하는 대로 살지 않으면 머지않아
사는 대로 생각하게 된다.

— 폴 발레리

두 젊은이가 같은 회사에 취직을 했다. 그런데 얼마 지나지 않아 한 젊은이가 승진을 했다. 승진하지 못한 젊은이가 그런 '불공평한 대우'에 불만을 품고 사장에게 따졌다. 그러자 사장은 이렇게 말했다.

"당장 시장에 나가 어떤 물건이 거래되는지 알아 오게."

그는 얼마 뒤 사장에게 다음과 같이 보고했다.

"농사꾼이 감자를 팔고 있습니다."

그의 말에 사장은 물었다.

"양이 얼마나 되던가, 가격은 얼만가?"

그는 퉁명스럽게 대답했다.

"그것까지 알아 오라고 말씀하시지 않으셨잖아요."

사장은 불만을 품은 그 직원 앞에서 승진한 직원을 불러 똑같은 지시를 내렸다. 그는 잠시 뒤 돌아와 이렇게 보고했다.

"오늘은 감자 마흔 포대가 거래되고 있으며, 가격은 한 포대에 만원이었습니다." 그리고 감자 하나를 내보이며 "품질에 비해 가격이 저렴합니다. 사 두면 큰 이익이 될 것입니다"라고 제안했다.

사장은 불만 가득한 직원을 향해 말했다.

"왜 자네가 저 사람보다 적은 월급을 받을 수밖에 없는지 알겠나?"

그는 아무 말도 할 수 없었다.

앞으로 나아가기 위한 창의적이고 주도적인 생각이 없이, 어제와 다름없는 구태의연한 생각에서 벗어나지 못한다면 발전을 기약할 수 없다. 어제와 다른 오늘을 살아야 한다. 어제와 다른 생각과 행동으로 오늘을 살아가는 것이 진정으로 변화하는 것이다.

창의적인 사람으로 어제와 다른 오늘을 살기로 했다면, 첫 번째로 생각해야 하는 것이 주도적으로 사는 것이다. 시키는 일만 하거나 다른 사람이 만들어놓은 틀대로만 움직이는 것은 창의적인 삶이 아니다. 자신에게 주어진 일만이 아니라 더 나아가서 남이 시키지 않아도 먼저 상황을 파악하고 주도적으로 상황을 이끌어가야 한다. 남들이 문제라고 인식하지 않는 것에서 문제점을 발견하고, 남들이 관심 갖지 않는 것에서 새로운 기회를 발견하기 위해서는 모든 일에 주도적인 자세가 되어야 한다.

주도적으로 살아가기 위해서는 관점의 전환이 필요하다. 다음 문제를 한번 풀어보자. 다음 중 나머지 4개와 다른 것 하나를 고르면 된다.

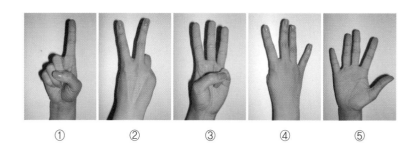

친구가 자신이 만든 문제를 보여줬다. 재미있어서 아이들과 아내에게 문제를 풀어보라고 했다. 문제를 본 3명은 각자 자신의 생각대로 서로 다른 관점에 따라 서로 다른 답을 내놓았다. 그때 아내는 3번을 골랐다. 아이들이 그 이유를 묻자 엄마는 아이들에게 "다른 손은 다 오른손인데, 3번만 왼손이어서"라고 말했다. 아이들은 자신들이 선택한 것도 정답이 될 수 있다고 우기면서도 엄마가 선택한 3번이 가장 확실한 정답이라고 인정했다.

그때 아내는 이렇게 말했다. "이 문제를 처음 봤을 때는 전혀 모르겠더라고. 그런데 내가 문제를 만든 사람이라고 생각해 봤어. 내가 이런 문제를 만든다면 나는 아마 오른손과 왼손의 차이를 이용했을 거 같았는데, 확인해 보니 역시 하나만 왼손이었고 나머지는 오른손이었어."

아내의 이야기는 시험에서 100점을 받는 가장 기본적인 자세를 잘 설명하고 있다. 그것은 출제자의 의도를 파악하는 것이다. 시험 공부를 할 때는 '내가 선생님이라면 이 범위에서 어떤 시험 문제를 낼까?', 시험 문제를 푸는 시간에는 '문제를 출제한 선생님은 어떤 의도에서 이 문제를 만들었을까?' 이런 생각을 하며 시험공부를 하고 시험을 치르는 학생은 그렇지 않은 학생보다 성적이 좋을 수밖에 없다.

이것도 관점의 전환이라고 볼 수 있다. 문제를 풀 때는 문제를 푸는 자신의 관점을 전환하여 문제를 출제한 사람의 관점으로 생각해 보는 것이다. 그것이 시험에서 좋은 성적을 얻는 비결이다. 이야기를 잘하고 효과적인 커뮤니케이션을 하는 비결도 관점의 전환에 있다. 자기가 말을 할 때는 듣는 사람의 관점으로 전환할 필요가 있다. 그래야 자신의 말을 좀더 설득력 있고 상대가 공감할 수 있게 전달할 수 있다.

자신이 듣는 사람일 경우에는 말하는 사람의 관점으로 바꿔 생각할 필요가 있다. 그래야 상대가 왜 그런 말을 하는지, 그 말의 진의는 무엇인지를 파악할 수 있다. 이렇게 자신과 상대방의 관점을 바꿔보는 것은 매우 효율적이고 강력한 힘을 발휘한다.

팀장에게 인정받는 신입사원이 되기 위해서는 시키는 일을 열심히 하는 것에 그치는 것이 아니라, 그 일을 시킨 윗사람의 관점으로 '왜 나에게 그런 일을 시켰고, 윗사람은 내가 어떻게 하기를 바랄까?' 하고 생각해 봐야 한다. 열심히 일하면서도 인정받지 못하는 많은 사람들은 대부분 출제자의 의도를 파악하지 못하는 학생들처럼 리더의 생각을 파악하려 하지 않고 단지 시키는 일만 하기 때문이다.

시키는 일만 하는 사람이 있고 시키지 않아도 관련된 일을 알아서 척척 잘하는 사람이 있다. 똑같은 신입사원이라도 자신의 관점에서만 머물러 있는 사람과, 팀장의 관점으로 생각해 보는 사람은 매우 다른 대우를 받게 된다.

팀장도 마찬가지다. 후배 직원들에게 리더십을 발휘하며 인정받는 선배가 되기 위해서는 후배의 처지에서 생각해 보는 관점의 전환이 필요하다. 어떤 팀장은 신입사원에게 매우 어렵고 힘든 일을 지시한다. 그러면서도 알아서 일을 척척 처리하지 못한다고 다그친다. 자신의 능력을 보여주며 '너도 나처럼 하란 말이야'라는 식으로 리더십을 발휘하려 한다. 하지만 그 신입사원은 자신보다 훨씬 어리고, 사회 경험도 없고, 알고 있는 것도 매우 제한적이라는 사실은 고려하지 않는다. 그렇게 상대를 고려하지 않는 행동으로는 리더십을 발휘할 수 없다.

창의적인 사람은 관점을 자유롭게 전환하며 다양한 생각을 이끌어 낸다. 그런 의미에서 생각해 보면, 자신의 관점을 상대방의 관점으로 전환해 보는 것은 창의적인 생산성을 창출하는 매우 효과적인 방법이다. '내가 선생님이라면 어떤 시험 문제를 낼까?' 하고 고민하는 학생이 좋은 성적을 받는 것처럼 말이다.

 ## 주도적으로 살기

어느 회사의 사장은 소비자 조사를 안 하는 것으로 유명하다. 고객에게 원하는 것을 묻고 그들이 원하는 상품과 서비스를 제공하는 것이 기업 활동인데, 그 회사의 사장은 그런 시장조사를 하지 않는 것을 원칙으로 한다. 사람들이 그 이유를 물으니, 그의 대답은 이랬다.

"소비자는 자신이 뭘 원하는지 잘 알지 못합니다. 안다고 해도 소비자들은 '진실'이 아닌 틀에 박힌 '정답'을 이야기하기 때문에 시장조사로는 '진실'을 알아내기 힘듭니다."

그의 주장은 이렇다. 예를 들어, 수입 차를 산 소비자에게 구입 이유를 물으면 대부분 '엔진이 강하거나 디자인이 좋아서'라고 대답한다. 하지만 진실은 그게 아니다. '폼 나서, 남에게 과시할 수 있어서, 여자에게 잘 보이려고…….' 이런 것이 진실이라는 것이다. 따라서 소비자 조사 결과를 근거로 상품을 만들면 직원들의 창의적인 아이디어만 망가지고 제품은 안 팔린다는 것이다.

실제로 고객이 원하는 것을 제공했던 많은 회사들이 문을 닫았다. 그들은 고객에게 무엇이 필요하냐고 물었고, 고객이 필요하다고 했던 것을 제공했다. 하지만 그들은 '고객은 자신이 원하는 것이 무엇인지 모른다'는 사실을 간과했던 것이다. 예를 들어, 에디슨에게 전구를 만들어달라고 요구했던 사람이 있었나? 벨에게 가서 '내가 전화기가 필요한데 그것을 좀 발명해 주시오'라고 말한 사람은 아무도 없었다. 그들은 소비자에게 물어보고 소비자가 요구하는 것을 제공한 것이 아니라, 소비자에게 먼저 새로운 것을 제시하며 '이런 것도 있는데 사용해 보세요. 좋지 않습니까?'라는 식으로 접근한 것이다.

요즘 인기 있는 스마트폰이나 태블릿 PC 역시 마찬가지다. 개인용 컴퓨터를 만들던 애플에게 스마트폰을 만들어달라고 요구한 사람은 아무도 없었다. 태블릿 PC가 필요하다고 요구한 사람도 없었다. 오히려 다른 회사에서 나왔던 태블릿 PC는 소비자들에게 외면당하고 있었다. 그런 상황에서 애플은 사람들이 좋아할 만한 것을 상상하며 소비자를 리드하며 제품을 제공했던 것이다. 그것이 진짜 고객 만족이다.

고객을 리드하는 기업이 성장하는 것처럼, 인간관계에서도 다른 사람을 리드하는 사람이 더 인기가 있다. 예를 들어, 여자들에게 인기 있는 남자들을 봐도 그렇다. 여자들이 가장 싫어하는 남자의 대표적인 유형은 우왕좌왕하는 남자다. 무슨 결정도 확실하게 하지 못하고 우왕좌왕하는 남자를 여자들은 가장 싫어한다. 물론, 여자의 말을 무시하는 남자는 처음부터 만나지 않는 것이 좋다. 하지만 반대로 여자에게 모든 것을 묻는 남자 역시 만나지 말라.

"어디 갈래요? 무슨 영화를 볼까요? 무엇을 먹을까요? 그쪽에서 정하세요. 저는 무엇이든 다 좋아요."

이런 말을 상대에 대한 예의 차원으로 하는 것이 아니라, 실제로 자신은 아무런 의사 결정을 하지 못하고 모든 결정을 여자에게 미루는 남자는 정말 최악이다. 그는 자신감도 없고, 책임감도 없는 사람일 가능성이 크다.

데이트를 위한 아무런 계획이 없다는 것은 그 여자에게 관심이 없다는 의미도 된다. 물론 남자가 너무 바쁜 일에 몰려 계획 없이 데이트를 할 수도 있다. 사전 계획이 없다는 것은 큰 문제가 되지 않는다. 하지만 결정을 못 하는 성격의 남자라면 근본적인 문제가 있는 것이다. 그는 자신감이 없든지, 책임감이 없는 사람이다.

사람은 누구나 수동적인 편안함을 좋아한다. 간단하게 점심 메뉴를 고르는 일에서도 사람들은 자장면을 먹을지 짬뽕을 먹을지 결정을 하지 못한다. 누구나 비슷하다. 그래서 짬짜면(자장 반, 짬뽕 반)이 등장한 것이다. 특별히 어느 쪽을 좋아하는 사람이 아니라면, 누가 메뉴를 결정해 준다면 더 좋아할 것이다. 그게 마음 편하기 때문이다. 물론 합의를 이끌어내는 과정은 있어야 하지만, 기본적으로 멋진 남자라면, 여자에게 수동적인 편안함을 줄줄 알아야 한다. 자신이 주도적으로 행동하고, 둘의 행동에 자신이 책임지려는 남자를 여자들은 좋아한다.

여자에게 인기를 얻는 비결이 바로 사회에서 성공하고 부자가 되는 비결이다. 상황에 수동적으로 반응하지 않고 주도적으로 리드하는 것, 다른 사람들이 원하는 수동적인 편안함을 채워주는 것, 결과에 따라 비난이 있을 수도 있지만 그런 위험을 감수하고 책임감을 갖는 것, 따라가지 않고 따라오게 하는 것. 이것이 바로 창의적인 것을 만드는 눈에 보이지 않는 강력한 힘이다.

유통기한이 남은 지식을 섭취하자

수동적이고 반응적이다 보면, 도전하고 개척하기보다는 주위를 살피며 따라 하게 된다. 따라 하다 보면, 주로 어제의 지식을 배우게 된다. 그런데 기억해야 할 것은 어제와 오늘은 다르다는 것이다. 그래서 오늘의 지식을 배우는 것이 중요하다. 지식에도 유통기한이 있다. 상한 우유를 먹으면 배탈이 나는 것처럼 유통기한이 지난 상한 지식을 잘못 적용하면 바보가 된다.

신선한 오늘의 지식을 배워야 하는데 그에 가장 좋은 방법이 바로 주도적이고 적극적으로 살아가는 것이다. 주어진 상황에 반응하는 것이 아니라, 자신이 상황을 만들어가는 것이다. 역사상 최고의 부자 중 한 명이었던, 철강왕 앤드루 카네기의 어릴 적 일화 하나를 소개한다.

시장의 과일 가게 앞에서 한 소년이 앵두를 한참 바라보고 있었다. 말없이 앵두를 바라보는 수줍은 소년을 보면서 과일 가게 아저씨는 말했다.

"얘야, 먹고 싶으면 하나 집어 먹어 봐라."

하지만 소년은 앵두를 집지 못하고 수줍은 표정으로 그저 쳐다만 보고 있었다. 마음씨 좋은 아저씨는 다시 소년에게 말했다.

"얘야, 앵두 맛있게 생겼지? 한번 먹어보렴. 네가 갖고 싶은 만큼 한 주먹 쥐어 가렴."

그러나 소년은 그냥 수줍은 표정만 지을 뿐 앵두에는 손도 대지 못했다. 마음씨 좋은 아저씨는 웃으며 직접 나서서 자신의 두 손 가득 앵두를 집어서 소년에게 먹어보라고 주었다. 소년은 두 팔을 벌려서 앵두를 받았다. 집으로 돌아온 소년에게 엄마가 말한다.

"얘야, 너는 너무 숫기가 없구나. 요즘 세상은 너처럼 그렇게 점잖기만 하면 안 된다. 가게 주인 아저씨가 하나 먹으라고 하면 얼른 집어 먹을 줄도 알아야지."

엄마의 말에 소년은 이렇게 대답했다.

"엄마, 저는 그 아저씨가 앵두를 줄 거라는 걸 알았어요. 하지만 제 손은 작잖아요. 제가 먼저 앵두를 잡으면 많이 잡지 못하잖아요. 그 아저씨의 손은 매우 크다라고요."

이 이야기는 소년이 상황에 단순하게 반응하는 것이 아니라, 자신이 상황을 주도적으로 만들어가는 것이 인상적이다.

이 소년과 달리 자신이 일상생활에서 '반응'으로만 일관한 적이 없는지 생각해 보자. 주어진 상황에 반응만 하고 있다면 주도적으로 상황을 이끌 수 있는 방법을 찾아보자.

★ Exercise ★

　3명의 친구 A, B, C가 구두 9개를 함께 닦기로 했다. 3명이 각각 3켤레씩 나누어 닦기로 했는데 A가 갑자기 사정이 있어서 구두를 못 닦게 되었다. 그래서 B가 5켤레, C가 4켤레를 닦았다. 급한 일을 마치고 돌아온 A는 친구들이 자기 대신 일을 해준 것이 고마워서 떡 9개를 B와 C에게 주면서 공평하게 나눠 먹으라고 했다. 그래서 B와 C는 자신들이 한 일에 따라 공평하게 5개, 4개씩 나눠 가졌다. 이렇게 떡을 나누는 것은 과연 공평한 걸까?

→ 공평하게 떡을 나누기 위해서는 B가 6개, C가 3개를 나눠 가져야 한다. B와 C는 A가 닦아야 할 구두를 각각 2개와 1개씩 나눠서 닦은 것이다. 자신들이 원래 닦아야 할 구두 3개에 추가로 그들이 닦은 것은 각각 2개와 1개이기 때문에, 그들에게 A가 자신이 해야 할 일을 대신한 만큼 떡을 준다면 2:1의 비율로 떡을 나눠주는 것이 옳다. 즉, 9개를 6개, 3개로 각각 나눠줘야 공평하다.

티핑 포인트 이전의 시간을 잘 견디는 사람이 프로페셔널

> 석공의 돌은 갑자기 두 조각으로 갈라집니다. 그것은 한 번의 망치질 때문이 아니라 바로 그 마지막 한 번이 있기 전까지 내리쳤던 100번의 망치질이 있었기 때문입니다.
> ― 벤저민 플랭클린

다음은 한 행사에서 카페라테로 만든 마릴린 먼로다. 원두커피와 우유를 섞어서 만드는 카페라테는 커피와 우유의 비율을 조절하면 흰색부터 검은색까지 다양한 색을 낼 수 있다. 이렇게 카페라테를 컴퓨터의 픽셀(pixel)처럼 이용하여 마릴린 먼로를 그리고 있다.

카페라테로 마릴린 먼로를 만든다는 것은 매우 창의적인 아이디어다. 그런데 그런 아이디어만으로는 실제로 멋진 마릴린 먼로를 만들 수 없다. 사진에서 보는 마릴린 먼로는 5,200잔의 카페라테로 만든 것이다. 우유와 커피의 비율을 조절해 가며 5,200잔의 카페라테를 만드는 노력이 있어야 아이디어의 결과물을 얻을 수 있다.

이렇듯 창의적인 결과물을 얻는 전체의 과정을 살펴보면 아이디어가

카페라테 5,200잔으로 만든 마릴린 먼로 모습

차지하는 부분은 아주 작다. 아이디어보다 더 중요한 것은 그것을 구체적으로 실현하는 것이다. 아마추어가 아닌 프로페셔널이 되어야 한다.

카페라테로 만든 그림의 주인공인 마릴린 먼로 역시 프로페셔널을 생각하게 한다. 그녀는 미국만이 아닌 전 세계의 섹스 심벌이었다. 그녀의 아름다움은 단지 타고난 것만은 아니었다. 그녀의 얼굴에 있는 점은 자신의 개성을 고민했던 그녀가 직접 그린 것이다. 또한 그녀는 한쪽 구두의 굽을 약간 잘라서 오른쪽과 왼쪽의 높이가 다른 구두를 신고 다녔다고 한다.

사람들에게 어떻게 하면 좀더 섹시하게 보일 수 있을까를 고민했던 그녀는 한쪽 구두의 굽을 약간 잘랐다. 그렇게 한쪽 구두의 굽을 자르니까 뒤뚱뒤뚱 걸을 수밖에 없었는데 균형을 잡으려 할 때 자연스럽게 엉덩이를 더 많이 움직이게 되었다는 것이다. 마릴린 먼로는 섹시한 자신의 이미지를 만들기 위해 치밀하게 많은 것을 고민하고 구체화했던 것이다.

작은 차이가 큰 결과를 낳는다

매일 같은 시간에 출근을 하다가 어쩌다 10분 정도 늦게 나오면 평소보다 30분은 늦게 회사에 도착한다. 겨우 10분 차이인데 30분이나 늦게 되는 것이다. 점심 시간에도 그렇다. 날마다 매일 11시 50분에 식당으로 갔었는데 5분 정도 늦게 나오면 평소보다 20분이나 늦게 식사를 하게 된다. 10분 늦게 출발했기 때문에 10분 늦게 도착하는 것이 아니고, 5분 늦게 시작했기 때문에 5분이 늦는 것이 아니다. 10분은

30분을 만들고, 5분은 20분을 만든다. 우리의 많은 일들이 그렇다.

10퍼센트 더 일했다고 수입이 10퍼센트 더 늘어나는 것도 아니다. 세상일이라는 것이 그렇게 단선적으로 이루어지는 것이 아니기 때문이다. 10퍼센트 더 일했을 때 수입이 30퍼센트 더 늘기도 하고, 15퍼센트 더 일했을 때 수입이 300퍼센트 더 생길 수도 있다. 그것이 현실이다. 타율이 2할 8푼인 야구 선수와 3할 3푼인 선수의 차이는 단지 5푼 차이다. 5푼은 0.05다.

이 말은 타석에 스무 번 들어설 때마다 안타를 한 번 더 치는 것을 의미하는 작은 차이다. 하지만 그 차이 때문에 3할 3푼인 선수가 3억 원을 받을 때, 2할 8푼인 선수는 3,000만 원을 받게 될 수도 있다.

작은 차이가 결과의 크기를 다르게 한다. 그렇게 작은 차이가 성공과 실패도 가름한다. 0.01초의 승부를 위해 자신의 머리카락을 모두 자른 수영 선수 CF 같은 것이 바로 이런 차이를 생각나게 한다. 미국의 로키 산맥 꼭대기에 떨어진 물방울도 백지 한 장 차이로 한 방울은 태평양으로 가고, 다른 한 방울은 대서양으로 간다. 그 조그만 차이로 운명이 바뀐 것이다.

중요한 것은 작은 차이를 만들면서 완성도를 높여가는 것이다. 그렇게 작은 것들이 모이면 더 큰 결과의 차이를 만들어낸다.

많은 사람들이 대박을 꿈꾸며 산다. 무엇인가 놀랍고 획기적인 것을 원한다. 획기적인 아이디어를 원하고 차원이 다른 전략을 원한다. 하지만 그런 것은 애초에 없다. 아주 평범한 것이 평균보다 좀더 나은 모습으로 누적되어, 이것이 마치 복리 개념으로 쌓이듯 놀랍고 획기적인 일로 변하는 것이다.

쌓아가다 보면 곧 티핑 포인트가 온다

미국에 백인들만 사는 마을이 있었다. 그런데 어느 날 흑인들이 한 명씩 한 명씩 이주해 오기 시작했다. 이렇게 흑인의 비율이 점차 늘더니 결국에는 흑인이 100퍼센트인 흑인 마을이 되었다. 백인이 하나둘 떠나기 시작하더니 백인이 100퍼센트이던 마을이 흑인이 100퍼센트인 마을로 변한 것이다. 백인 마을에서 흑인 마을로 변화할 때 과정을 그래프로 그려보면 어떤 그래프가 될까? 일반적으로 사람들은 위쪽의 직선 그래프를 생각하기 쉽다. 그러나 마을에 흑인들이 늘어난 과정을 그래프로 그려보니, 아래쪽과 같은 곡선 모양이 나타났다.

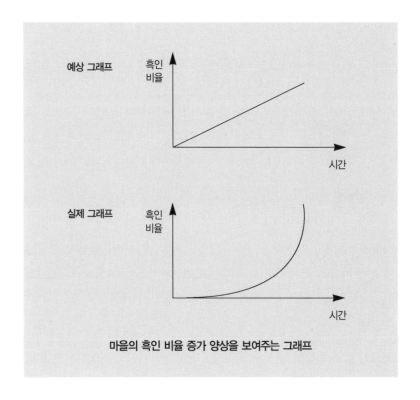

마을의 흑인 비율 증가 양상을 보여주는 그래프

그래프를 보면 아주 점차적으로 증가하던 것이 어느 시점을 지나면서 폭발적으로 증가하는 것을 볼 수 있다. 그 지점을 '티핑 포인트(tipping point)'라고 한다. '티핑'이란 '균형을 깨뜨리는 것'이라는 의미로 미국 동북부 도시에 살던 백인이 교외로 탈주하는 현상을 가리키는 사회학 용어였다. 당시 사회학자들은 흑인 비율이 어느 순간 급증하는 것과 함께, 흑인의 비율이 20퍼센트에 이르면 백인들이 한순간에 그 지역을 떠나버린다는 사실도 발견했다.

이러한 티핑 포인트는 우리 주변에서 흔히 볼 수 있는 현상이다. 무엇인가가 처음에는 아주 조금씩 늘어나다가 어느 순간, 즉 티핑 포인트를 지나면서 폭발적으로 증가한다. 이것은 지수함수 그래프를 그린다.

세계 최고의 부자인 빌 게이츠나 워런 버핏 등 부자들의 재산 증가 그래프도 지수함수 그래프를 그린다. 부자는 어느 날 갑자기 부자가 된다. 티핑 포인트를 지나면서 말이다.

예를 들어, 20세에 무일푼이었던 사람이 50세에 30억의 재산을 모았다고 생각해 보자. 그의 재산은 어떻게 증가했을까? 20세에 0원, 30세에 10억, 40세에 20억, 50세에 30억과 같이 순차적으로 증가했을까? 아니다. 그것은 비현실적인 생각이다. 20세에 무일푼이던 사람이 매우 열심히 일을 했다고 해도, 20대, 30대에는 그다지 큰돈을 벌지는 못했을 것이다. 그러다가 40대 초반에 어느 시점부터 재산이 폭발적으로 증가하기 시작하여 50세에 30억의 재산이 모인 것이다. 이것이 현실적인 생각이다.

세상 대부분의 일에는 이 티핑 포인트가 있다. 처음에는 아무리 노력해도 성과가 눈에 보이지 않다가 그것이 에너지를 응축하여 약 20퍼

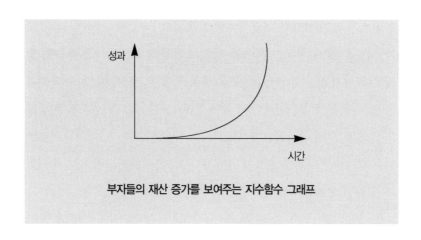

부자들의 재산 증가를 보여주는 지수함수 그래프

센트 정도 진행되면 티핑 포인트를 지나며 폭발적으로 증가하기 시작하는 것이다. 하루아침에 스타가 되었다고 하는 유명 연예인도 알고 보면 오랜 시간 그것을 위하여 남모르게 무명의 세월을 견디며 노력해 왔던 것이다.

사람들은 큰 성공을 거두는 사람들을 보면서 '나는 언제 저렇게 될 수 있지?' 하며 도전을 포기하고 까마득해한다. 하지만 우리가 꼭 기억해야 할 것이 있다. 시간이 많이 걸리더라도 하나하나 쌓은 것이 약 20 정도 되면, 그때서부터는 급속도로 빨리 20에서 30, 40, 80까지 간다는 사실을 말이다. 그렇게 100이 만들어지는 것이다. 시작 단계에서 좀 오래 걸리지만 어느 순간부터는 쉽게 빨리 가는 것, 그것이 성공의 방정식인 것이다.

벤저민 프랭클린에게 한 기자가 물었다.

"당신은 수많은 장애에도 불구하고 어떻게 포기하지 않고 한 가지 일에만 전념할 수 있었습니까?"

그러자 그는 이렇게 대답했다고 한다.

"당신은 혹시 일하는 석공을 자세히 관찰해 본 적이 있습니까? 석공은 아마 똑같은 자리를 100번은 족히 두드릴 것입니다. 갈라질 기미가 보이지 않더라도 말입니다. 하지만 101번째 두드린 순간 돌은 갑자기 두 조각으로 갈라집니다. 그것은 그 한 번의 망치질 때문이 아니라 바로 그 마지막 한 번이 있기 전까지 내리쳤던 100번의 망치질이 있었기 때문입니다."

우리도 티핑 포인트를 만들어야 한다. 매우 긴 시간 동안 노력을 했는데도 눈에 띄는 성과가 하나도 없는 것처럼 느껴질 때도 있다. 그때 포기하는 사람은 아마추어다. 프로페셔널이라면 그 기간을 조급하게 생각하지 않고 즐겨야 한다. 모든 일의 진행은 처음에는 더디지만, 그때 에너지를 잘 축적하면 어느 순간 티핑 포인트를 만나 폭발적인 성과가 나오는 것이다. 우리의 성과도 그렇게 만들어진다.

창의적인 사람은 아이디어만 내는 것이 아니라, 고단하고 지루한 티핑 포인트를 만나기 이전의 시간을 잘 보내는 사람이다.

★ Exercise ★

자신이 목표하는 일의 진행 상황을 시간과 성과라는 두 개의 좌표를 기준으로 그래프를 그려보자. 만약 지금 자신이 바라는 일이 티핑 포인트를 지나지 못했다면 앞의 그래프처럼 티핑 포인트를 만나 폭발적으로 성장할 수 있음을 보여줄 청사진을 그려보자.

03

'안 되는' 이유를 찾지 말고, '되는' 방법을 만들자

> 가능한 것을 만들어내기 위해 불가능한 것을
> 재차 삼차 시도하는 것은 값진 일이다.
> ― 헤르만 헤세

미국의 어느 대학교 수학과 2학년 학생이 있었다. 어느 날 그 학생은 수업 시간에 늦었다. 수업 중간에 들어간 그 학생은 교수의 말을 별로 듣지 못하고 칠판에 적혀 있는 두 문제를 노트에 적었다. 수업은 듣지 못했어도 숙제는 제대로 해야겠다고 생각한 것이다. 이 학생은 집에 와서 그 두 문제를 열심히 풀었다. 며칠 동안 열심히 풀었지만 그중 한 문제밖에 풀지 못했다. 풀이 죽은 학생은 고개를 들지 못하고 교수에게 찾아가 리포트를 제출했다. 이 학생의 리포트를 본 교수는 깜짝 놀라면서 말했다.

"이 문제는 네가 풀 수 있는 문제가 아니란다. 그런데 네가 이걸 풀다니, 놀랍구나."

상황은 이랬다. 교수는 수업 중에 세계적인 석학들이 '이건 잘 풀리지 않는다'라고 공개한 문제를 학생들에게 소개한 것이다. 몇십 년 동안 아무도 풀지 못한 문제를 대학교 2학년 학생이 숙제인 줄 알고 풀었던 것이다. 그 학생의 논문은 논문 랭킹 1위의 학술지에 실렸고 후에 그는 유명한 수학자가 되었다.

문제는 마음먹기에 달려 있다

이런 일화는 정말 꿈같은 이야기다. 그런데 이렇게 생각해 보자. 만약 이야기 속의 학생이 칠판에 적혀 있던 문제가 세계적인 석학들도 풀지 못하는 문제라는 것을 알았다면 그가 그 문제를 풀 수 있었을까? 아마 그 문제를 풀려는 생각조차 하지 못했을 것이다. 한 번 힐끔 보고 '이런 문제도 있구나' 또는 '이런 문제가 수학자들의 최근 고민거리구나'라고 생각하고 그냥 넘어갔을 것이다.

하지만 이야기 속의 학생은 그 문제를 며칠 동안 풀었다. 왜냐하면 그는 그 문제가 다른 친구들도 다 풀어야 할 숙제라고 생각했기 때문이다.

우리는 흔히 '어렵다고 생각하면 어렵고, 쉽다고 생각하면 쉽다'라는 말을 하곤 한다. 수학 같은 자연과학의 문제는 정답이 있는 문제로, 어려운 건 어려운 것이고 쉬운 건 쉬운 것이다. 이렇게 정답이 있는 문제도 어떤 마음으로 도전을 하느냐에 따라 결과가 달라지는데, 하물며 정답이 없는 우리 삶의 문제는 마음을 어떻게 먹고 그 문제를 바라보느냐가 정말 중요할 수밖에 없다. 그것이 진실이다.

많은 사람들이 성공할 만한 일에만 도전한다. 하지만 성공할 수밖에 없는 목표를 세우는 것은 도전이 아니다. 진정한 인생을 즐기는 도전이란 이룰 수 없는 꿈을 꾸며 모두가 불가능할 것이라고 생각하는 목표를 세워서 사람들이 기적이라고 부르는 것을 이루는 것이다. 기적을 믿지 않는 사람도 많다. 하지만 조금만 둘러보면 주위에 많은 기적이 있음을 알 수 있다.

어떤 사람은 원주율을 21분 동안 4만 자리까지 암송했다고 한다. 이런 것도 기적이다. 텔레비전에서는 가끔 어린아이가 나와서 놀랄 만한 암산을 한다. 사회자와 미리 짜고 하는 것처럼 놀랄 만한 암산을 척척 해낸다. 서커스를 하는 남녀, 시속 160킬로미터 이상의 강속구를 던지는 투수, 100미터를 15초에 뛰는 속력으로 2시간 내내 달리는 마라토너들을 보고 있으면 그 자체가 기적처럼 느껴진다. 영어를 유창하게 말하는 사람이나 피아노를 멋지게 연주하는 사람도 나에게는 기적 같다. 주위를 돌아보면 기적은 언제나 어디에나 있는 것이다.

기적에 도전해야 한다. 현명한 사람들은 허황된 목표를 세우지 말라고 충고한다. 너무 큰 목표보다는 현실적인 계획을 세우라고 말한다. 맞는 말이다. 그렇게 해야 한다. 하지만 그런 충고가 기적을 포기하라는 말은 아니다. 오히려 그런 작은 성공을 쌓아서 자신이 원하는 큰 목표를 이루라는 것이다. 기적은 있다. 작은 성공과 작은 기적들이 쌓이면 어느 순간, 사람들이 불가능할 것이라고 생각했던 큰 기적이 일어나는 법이다.

사람들은 같은 것을 보며 다른 생각을 한다

1975년 여름, 박정희 대통령이 당시 현대건설의 정주영 사장을 청와대로 불렀다.

"달러 벌어들일 좋은 기회가 왔는데 일을 못 하겠다는 사람들이 있습니다. 지금 당장 중동에 다녀오십시오. 만일 정 사장도 안 된다고 하면 나도 포기하지요."

정주영 사장은 무슨 얘기인지 되물었다.

"2년 전 석유파동 이후 지금 중동 국가들은 달러를 주체하지 못해 그 돈으로 여러 가지 사회 인프라를 건설하고 싶어 하는데, 너무 더운 나라라 선뜻 일하러 가는 나라가 없는 모양입니다. 그래서 우리 한국에 일할 의사가 있는지를 타진해 왔습니다. 관리들을 보냈더니 2주 만에 돌아와서 하는 얘기가 낮엔 너무 더워서 일을 할 수가 없을뿐더러 건설 공사에 필요한 물이 없어 공사 자체를 할 수 없는 나라라는 겁니다."

"그래요? 오늘 당장 가보겠습니다."

정주영 사장은 5일 후 다시 청와대에 들어가 박정희 대통령을 만났다. 그리고 이렇게 말했다.

"지성이면 감천이라더니 하늘이 우리나라를 돕는 것 같습니다."

"무슨 얘기요?"

"그곳 중동은 이 세상에서 건설 공사 하기 제일 좋은 땅입니다. 1년 열두 달 비가 오지 않으니 1년 내내 공사를 할 수 있지요. 건설에 필요한 모래자갈이 현장에 지천으로 있으니 자재 조달도 쉽습니다."

"물 걱정을 많이 하던데?"

"그거야 어디서 실어 오면 되지요."

"50도나 된다는 더위는?"

"낮에는 천막 치고 자고, 밤에 일하면 될 겁니다."

그의 말대로 한국인들은 낮에는 자고, 밤엔 햇불을 들고 일했다. 온 세계가 깜짝 놀랐다. 1976년 사우디아라비아가 발주한 주베일 항만 공사는 공사 금액만 당시 우리나라 예산액의 절반에 맞먹는 9억 3,000만 달러였다. 주베일 항만 공사를 성공적으로 끝낸 뒤 현대건설은 쿠웨이트 슈아이바 항 확장 공사, 두바이 발전소 등 중동 일대 대형 공사를 잇달아 수주했다. 1975년 중동 진출 뒤 1979년까지 현대는 약 51억 6,400만 달러를 벌어들였다.

석유파동으로 전 세계가 어려움을 겪었던 터에, 한국은 석유 한 방울 나지 않는 나라이고, 오히려 수출 공장을 돌리기 위해서는 더 많은 석유가 필요했다. 하지만 그는 어려움을 기회로 바꾸는 탁월함을 발휘하여 중동 건설의 신화를 만들었다. 이런 것이 긍정적인 사고다.

세상의 모든 것에는 양면성이 있다. 어려움이 많고 장벽이 높을수록 오히려 더 큰 기회가 숨어 있는 것이다. 어려움이나 장벽보다 기회를 먼저 보는 긍정적인 사고가 중요한 이유가 바로 그것이다.

세상은 객관적으로 존재하지 않는다. 세상은 우리가 인식하고 해석하고 판단하는 대로 존재한다. 그래서 사람들은 같은 것을 보면서도 다른 생각을 하는 것이다. 처음으로 우주선을 타고 지구 밖에서 지구를 본 우주 비행사가 두 명 있었다. 신을 믿지 않았던 우주 비행사는 우주 밖에서 지구를 보고 돌아와 이렇게 말했다.

"내가 하늘서 보니, 어디에도 신은 없었습니다."

반면에 신을 믿었던 우주 비행사는 우주 밖에서 지구를 보고 돌아와 전혀 다른 대답을 내놓았다.

"여러분, 신이 만든 우리 지구는 정말 아름답습니다."

같은 상황을 보면서 누군가는 좌절을 하고, 누군가는 더 큰 희망을 갖는다. 누군가는 기뻐하고, 누군가는 슬퍼한다. 그것은 상황을 주어진 대로 표면적으로 보느냐 아니면 그 이상의 이면을 보느냐에 달려 있다. 그 차이는 전적으로 상황을 '어떻게' 바라보느냐의 태도에 달린 것이다. 우리가 잘 알고 있는 이야기에 대입해 생각해 보자.

어느 신발회사에서 새로운 판로를 개척하기 위해 아프리카 오지로 직원 두 명을 파견해 시장조사를 했다. 그들은 맨발로 다니는 사람들만 보고 왔다. 한 사람이 보고했다.

"아프리카엔 신발을 신는 사람이 없습니다. 그곳에서 신발을 판매한다는 건 불가능합니다."

그러나 또다른 직원은 이렇게 말했다.

"아프리카엔 신발을 신는 사람이 없습니다. 그곳 사람들이 신발을 신기 시작한다면 시장 수요는 무궁무진할 것입니다. 하루빨리 진출을 서둘러야 합니다."

우리는 같은 상황을 두고서도 다른 결론을 내린다. 하지만 분명한 것은 상황이 같아도 바라보는 태도가 달라지면 현실은 변한다는 점이다. 우리 주변엔 새로운 아이디어가 제시될 때마다 '그거, 어디 되겠어?'라고 부정적으로 반문하는 사람이 있고, '안 될 게 뭐 있어? 해보자!'라고 말하는 사람이 있다. 모든 기회는 긍정적인 시각에서 만들어지는 것이다.

자신에게 최고의 가치를 부여하라

예측은 결과를 만든다. 예를 들어 연초에 어느 경제연구소에서 올해는 빨간색 옷이 유행할 것이라고 예측을 한다. 올해의 트렌드는 강렬한 원색이며 그 중심에 '핫 레드' 컬러가 있을 것이라고 한다. 그 예측에 따라 많은 의류 회사와 패션업계는 빨간색 옷을 대량으로 생산한다. 빨간색 옷·구두·가방·양말……. 시장에는 빨간색 옷이 대량으로 유입된다. 상점마다 자신들이 디자인한 가장 예쁜 빨간 옷을 진열해 놓는다. 소비자는 '역시 빨간색이 대세'라면서 그 옷을 산다. 거리에는 빨간색 옷을 입은 사람들이 물결을 이룬다. 마침내 빨간색 옷이 유행하는 것이다.

우리 자신에 대해서도 마찬가지다. 우리 자신도 스스로 예측한 대로 만들어진다. 다음에 나오는 노먼 록웰의 〈자화상〉이라는 작품을 보자. 화가는 자신의 얼굴을 그리고 있다. 거울을 보면서 자신의 얼굴을 넓은 캔버스에 그리고 있는데, 그는 거울에 비친 자신보다 더 잘생긴 자신의 얼굴을 그리고 있다.

나는 이 그림 속에서 성공의 기본 조건을 발견했다. 그건 자신을 더 멋지게 그리는 것이다. 실제로 존재하는 자신보다 자신을 더 높게 평가하고 더 가치 있는 존재로 생각하는 것이다. 그렇게 자신의 가치를 높이 평가하면 실제로 존재하는 자신도 그만큼 가치 있는 존재가 된다. 이것이 큰 성공을 이루고, 기대하지 못했던 결과를 만들고, 창의적인 '나'를 만드는 방법이다.

대부분의 사람들은 자신의 가치를 낮게 평가하는 경향이 있다. 누구나 자신이 보는 '나'와 남이 보는 '나'는 다르다. 그리고 객관적인

노먼 록웰 〈자화상(Self Portrait)〉(1960)

'나'의 가치는 그 누구도 알 수 없다. 자신이 생각하는 '나'의 가치가 객관적인 '나'의 가치도 아니고, 다른 사람이 평가하는 '나'도 실제로 존재하는 '나'와 꼭 같은 것은 아니다. 어떻게 보면 객관적이고 실제적인 '나'의 가치는 항상 변하고 있는지도 모른다. 높아졌다가 낮아지기를 반복하고 있을지도 모른다. 그렇기 때문에 스스로 자신을 어떻게 생각하느냐는 실제로 존재하는 '나'의 가치를 만드는 가장 중요한 요소가 된다.

'안 되는' 이유만을 찾는 사람은 '되는' 방법을 만들어낼 수 없다.

'되는' 이유를 찾는 사람만이, 다른 사람들의 눈에는 보이지 않지만 분명히 존재하는 방법을 발견한다. 긍정적인 생각은 큰 힘을 발휘하여 안 되던 일을 되게 만든다. 용기와 자신감을 바탕으로 일하면 생각지도 못했던 상승 효과가 발생하여 객관적으로는 전혀 기대할 수 없는 결과를 만들어내곤 한다. 그것이 현실이다.

다시 앞의 그림을 보자. 그림 속 화가의 얼굴을 우리는 직접 보지 못한다. 우리는 그의 얼굴을 거울과 캔버스로만 볼 수 있다. 초라하고 늙은 거울 속 얼굴과 잘생긴 그림 속 얼굴. 거울은 거짓말을 하지 않는다고 우리는 믿는다. 하지만 그건 우리의 고정관념일 뿐이다. 우리가 그림 속에 우리의 얼굴을 더 잘생기게 그린다면 거울 속의 우리 얼굴도 더 잘생기고 멋진 얼굴로 변할 것이다. 그것이 창의적인 사람들의 가장 큰 공통점이다.

★ Exercise ★

가까운 곳에 거울이 있는지 둘러보자. 자신이 많은 시간을 보내는 공간에 거울을 놓고, 자신의 얼굴과 모습을 자주 보자. 자신이 웃고 있는지, 여유 있어 보이는지, 긍정적 에너지를 내뿜고 있는지 날마다 확인해 보자.

틀을 깨라

초판 1쇄 2011년 8월 30일
초판 9쇄 2020년 12월 10일

지은이 | 박종하
펴낸이 | 송영석

주간 | 이혜진
기획편집 | 박신애 · 심슬기 · 김다정
외서기획편집 | 정혜경
디자인 | 박윤정
마케팅 | 이종우 · 김유종 · 한승민
관리 | 송우석 · 황규성 · 전지연 · 채경민

펴낸곳 | (株)해냄출판사
등록번호 | 제10-229호
등록일자 | 1988년 5월 11일(설립일자 | 1983년 6월 24일)

04042 서울시 마포구 잔다리로 30 해냄빌딩 5 · 6층
대표전화 | 326-1600 **팩스** | 326-1624
홈페이지 | www.hainaim.com

ISBN 978-89-6574-318-7

파본은 본사나 구입하신 서점에서 교환하여 드립니다.